电商经济与财务管理

谢 甜 赵 晶 张晨必◎著

吉林出版集团股份有限公司
全国百佳图书出版单位

图书在版编目（CIP）数据

电商经济与财务管理 / 谢甜, 赵晶, 张晨必著. --
长春 : 吉林出版集团股份有限公司, 2021.12
ISBN 978-7-5731-0970-5

Ⅰ. ①电… Ⅱ. ①谢… ②赵… ③张… Ⅲ. ①电子商务－研究②财务管理－研究 Ⅳ. ①F713.36②F275

中国版本图书馆CIP数据核字（2021）第267851号

电商经济与财务管理

DIANSHANG JINGJI YU CAIWU GUANLI

著　　者：谢　甜　赵　晶　张晨必
出 版 人：吴　强
责任编辑：马　刚
装帧设计：清　风
开　　本：710mm × 1000mm 1/16
印　　张：5.5
字　　数：55千字
版　　次：2022 年 8 月第 1 版
印　　次：2022 年 8 月第 1 次印刷
出　　版：吉林出版集团股份有限公司
发　　行：吉林音像出版社有限责任公司
地　　址：吉林省长春市净月区福祉大路5788号出版大厦A座
电　　话：0431-81629680
印　　刷：三河市嵩川印刷有限公司

ISBN 978-7-5731-0970-5　　　　定　价：38.00 元

前　言

随着互联网产业的蓬勃发展，电商经济在很多地方取得了惊人的成绩。其中，财务管理是电商运营过程中的重要环节，而财务环境是企业从事财务管理活动过程中所处的特定时间和空间其既包括企业理财所面临的政治、经济、法律和社会文化等宏观环境，也包括企业自身管理体制、经营组织形式、生产经营规模、内部管理水平等微观环境。对所有企业来说，其宏观财务环境大体相同，但微观财务环境是千差万别的。财务管理环境的不断变化促进了财务管理理论的发展，不但财务管理的目标、方法、内容取决于财务管理环境，而且研究财务管理理论也要从财务管理环境开始。随着社会的电子商务化，企业的理财环境产生了重大的变革，财务管理理论也在不断变革。电子商务的一个重要特点在于其通过网络技术将一项商务交易的关联方极大地扩大了。通过浏览网页，人们可以轻而易举地购买美国、法国等国外的产品。应该说这样的跨国交易甚至比你出去逛街采购还要方便，因为消费者需要做的仅仅是在计算机面前用鼠标轻轻一点，甚至消费者可以在做其他事情时，用手机花不到一分钟时间来完成一项交易。所以说，电子商务面向的是全球化的市场，这种量变直接产生了质变。因为企业在电子商务环境下，面对的客户更加多元化，企业之间的竞争日趋激烈化，如果还按照传统的思维方式去管理一个电子商务时代的企业，就注定要失败。因此，伴随电子商务的发展，企业应该顺应新时代的要求，调整自身的经营理念。同时，项目投资也必须紧跟社会经济发展的步伐，不断创新思路。

这是一本关于财务管理与金融创新的学术著作。在财务管理与金融创新理论的基础上，本书针对相关学术观点进行了系统的梳理和总结，针对实践通过全面的解读和理论的视角，对财务管理与金融创新的理论发展进行了全面探索，具有一定的创新价值。

目　录

第一章　电子商务环境下的财务管理

第一节　电子商务综述

一、电子商务的概念

对于电子商务的概念，目前国际上尚未给出一个统一的定义，按照WTO的定义标准，电子商务就是公司利用网络平台进行的产销与财会等活动。其内涵不仅包括网络上的商品交易行为，也包括所有通过计算机与通信技术来解决问题、控制成本、提高产品附加值以及扩大市场份额的商业运营活动。例如，以网络技术实现企业物资的核对、进货、样品展示、订单处理及发货、网络付款等。

首先，电子商务通过现代信息技术实现了传统商业中间经销商的核心功能，为买卖双方节约了成本，实现了买卖双方的共赢。其次，电子商务的性质实际上就是一个不受时空限制的交易市场，让市场的资源配置能力得到显著提高，极大地提高了商业活动的效率。再次，电子商务的发展受两方面因素的制约：一方面，其需要计算机与通信技术的发展为其插上翅膀；另一方面，其无法脱离传统“商务”这一人类活动本质内容。最后，我们应该意识到，电子商务的概念并不能简单地认为是商务的电子化。现代电子商务早已脱离了初始阶段将商品通过网络平台进行交易的初级模式，而是发展成了一种“企业全方位信息化革命”的高级模式，即通过计算机与通信技术来解决问题、控制成本、提高产品附加值以及扩大市场份额的商业运营活动。

二、电子商务的分类

电子商务如果按照买卖双方的身份进行分类，可以分为三种。

1. 公司与公司之间交易的模式（Business–Business，B2B模式）。简言之，就是存在供需关系的企业相互之间利用互联网进行商务谈判、协议的签订以及货物、资金的交割。据有关部门统计，2010年我国利用互联网进行贸易往来的企业已经多达300万家，并且其数目持续火爆增长中。

2. 公司与客户之间交易的模式（Business–Customer，B2C模式）。即指企业通过网络平台展示自身的产品与服务，有需求的客户可以通过搜索平台访问相关企业的商贸网页获得企业产品与服务的具体情况，从而进行选择性交易。这样的交易方式有效地解决了企业如何在短时间内以较小的人力成本与成千上万的客户进行商谈与交易的问题，极大地提高了企业商贸交易的效率，进一步地降低了企业的销售渠道成本。由于其优势明显，在兴起之后以井喷的速度发展。据有关统计，2013年，我国以B2C模式进行交易的金额达到了3749亿，而之前的在2005年，该交易额仅为20亿左右。到目前为止，如京东商城、苏宁云商、易迅网等却是我们耳熟能详的企业。

3．客户与客户之间交易的模式（Customer–Customer，C2C模式）。电子商务刚刚在中国起步时C2C模式最为盛行的方式，如阿里巴巴集团旗下淘宝网了。C2C模式实际上就是商家在如淘宝网、易趣网等网络商务平台上开设网店，然后客户与卖家通过即时通讯软件进行沟通，最后利用电子支付平台进行交易的一种商务模式。

三、电子商务的特征

（一）工作环境的灵活性

可以说，只要你有一个与互联网连接的操作平台，就可以参与全球电子商务的浪潮，并且不受任何的时间和地点的限制。

（二）交易流程标准化

电子商务企业的网络地址不但是一个销售平台，而且也是一个广告平台。客户通过网站了解商品的详情后，可以自主选择买或不买。并且购买的流程都是程序化好的，而无须商务现场指导，极大地提高了交易效率，降低了成本运营。

（三）数字化

电子商务的商务活动记录都是通过计算机信息语言保存的，甚至其交易协议、交易签名都是数字化的，为商务运营节约了大量的纸张，有利于环境的保护和成本的节约。

（四）极大地降低了商务成本

首先，交易参与方从网络平台查询商务活动相关信息方便快捷，且信息量巨大，从而减少了其进行实地考察所需要的大量差旅费用。其次，交易参与方可以利用网络的巨大信息量获取相关资源，当对信息有效性难以确定时，可以通过专门软件进行信息检索、筛选，这完全代替了中介机构的功能，从而减少了中介费用。再次，网络平台的沟通即时性，让交易双方的供需要求能够及时得到共享，从而有效降低了电子商务环境下企业的资金和货物储备需求，有效减少了企业的利息成本和仓库管理成本；再加上电子商务本身是一个自带广告性质平台，在较小程度上降低了广告促销费用。最后，电子商务企业的几近“无纸化”运作方式亦在较小程度上降低了企业的运营成本。实践证明，对于大型跨国公司来说，如果原材料的供应环节采用电子商务模式，可以降低采购成本20%–30%。

（五）交易风险高

目前，我国的电子商务的发展速度惊人，而相应的电子商务消费者权益的保护方面还有许多法律法规需要完善。同时，网上支付业务、电子数据的窃取、篡改等技术漏洞也增加了电子商务的交易风险。

四、电子商务的基本流程

电子商务供应链环节包括：生产企业、经销企业、发明设计单位、物流企业、金融业以及客户。在网络技术的支撑下，供应链各个参与方的需求信息被共享于网络上，且实时有效的信息，大大地减少了商务活动的流通环节，提升了商务活动的交易匹配率，促进了商务活动的运作效率，深刻地改变了整个商务活动的运作流程。需要说明的一点是，企业的内网与外部网络不是直接连接的，是设有安全措施的，可有效降低内部信息泄露的风险。

电子商务交易的环节大致分为六个步骤：

第一步，客户在网络平台上检索所需产品信息，选择意向产品放入电子商务平台的“购物车”中。

第二步，客户选定待选产品后，电子商务平台会自动生成客户所需要支付的金额。

第三步，客户通过电子商务平台提供的即时通讯软件与商家对产品交易的细节进行详谈。然而，并非所有的电子商务平台都提供这种即时通讯软件。

第四步，电子商务交易双方通过第三方认证机构对双方的信誉进行认证。

第五步，客户设定包括收货地址、收货人姓名、收货人联系方式、支付方式以及所购买的产品的型号、数目等相关信息。

第六步，客户向电子商务企业支付货款。支付方式可分为货到付款、预付款以及到货确认后由第三方转款三种方式。所谓货到付款，是指客户收到货品，确认无误后，将货款以现金或电子转账的方式支付给商家。如果是现金支付，则由物流企业承担中间转账功能；如果是电子转账，则由金融机构的电子支付平台承担中间转账功能。所谓预付款，是指客户在确认购买产品后以电子转账方式向电子商务企业支付货款，付款后电子商务企业再向客户发货。若客户对收到的产品不满意，可在规定时间内退回商品，待商家收到退回商品后再将客户预付的金额进行回转，其间产生的物流费用通常由客户承担。所谓到货确认后由第三方转款，是指客户在确认购买产品后即将所需金额转给第三方电子支付机构，然后第三方支付机构向电子商务企业下达订单，商家收到订单后发货，待客户收到产品并确认无误后即向第三方支付机构发送收货通知，最后由第三方支付机构将货款转给电子商务企业。第三种支付方式是最复杂也是最安全的。

这六个步骤叙述起来很烦琐，但在实际操作中却是很方便快捷的。因为任何一项交易流程的完成都不需要双方派出相关工作人员约定时间地点进行谈判，省去大量的人力、物力和时间，任何一项交易流程都只需要通过网络系统的各个工作站进行人机交互操作就可以瞬间完成，其交易效率较之传统产品买卖要高得多。也就是说，传统的商务活动的弊端在电子商务迅速发展的背景下已经越来越凸显出来。作为现代企业，如果不去主动适应这场“革命”，终究会退出历史舞台。

在整个交易过程中，对交易双方进行身份认证的第三方认证机构起到了关键性作用。没有专业的第三方认证，电子商务的虚拟性将会给交易双方带来强烈的不安全感，严重阻碍电子商务活动的发展。

五、电子商务环境下企业的经营理念

（一）追求“持续创新”

竞争如同逆水行舟，不进则退。在残酷的国际竞争中，我们只有不断开拓创新，国家和民族才有希望，才能实现中华民族的伟大复兴的艰巨历史任务。在信息化前所未有的发达的今天，对一个企业来说，如果不保持持续创新的动力，就会被残酷的竞争所淘汰。我们可以看到，乔布斯团队对工业设计与技术的创新创造了苹果在世界的奇迹，雷军对营销模式的创新创造了小米在中国的奇迹。从这些例子中，我们完全可以相信创新对于电子商务环境下的企业来说，就如同汽油对于汽车，食物对于人类，丢掉了创新的企业就注定要停滞和死亡。

电子商务环境下企业的创新涵盖企业体制创新、企业科技创新、企业营销模式创新和企业文化创新四个方面的内容。之所以说电子商务的快速发展倒逼了企业的创新，主要体现在四个方面：

首先，企业为了适应电子商务的特点，必然会通过改革自身的机构设置，以此减少人力物力的配置。并且，电子商务企业的运营灵活性较高，企业必须建立更加完善的激励制度才能迅速激发员工的工作热情和创新力。

其次，电子商务究其根本是技术上的优势，是科技进步带动了商务活动的电子化。作为电子商务企业，如果不在技术上开拓进取，创新技术成果让客户体验更加极致，则永远不能在激烈的竞争中崭露头角。所以说，电子商务时代在压力的驱动下使得企业不得不持续进行技术创新。

再次，电子商务的客户遍布全球，因此，电子商务环境下的企业必须针对客户进行系统分类，并对各类客户提出创新性的营销策略，以此获得最大的市场份额。

最后，电子商务营销模式的改变必然造成电子商务环境下的企业在管理模式上的变革。电子商务环境下的企业的管理不再专注于传统体制的层层控制，而是更加快捷化与扁平化。一个主要的趋势就是，从传统体制来凝聚企业的战斗力变为通过一种自由平等、公平竞争的企业文化力量来聚集人才。

（二）牢记“速度取胜”

信息时代的速度就是光的速度。人类之间的交流就是以这样一种宇宙中最快的速度在进行着，电子商务的成功也正是利用了信息时代的速度。速度取胜应该体现在电子商务环境下的企业的各个层面，包括产能是否能迅速跟上客户的需求，长期合作的物流企业是否能迅速将产品进行配送，是否能及时迅速地与客户进行有效沟通等。只有在这些方面做到快速有效才能在市场竞争中站稳脚跟，取得客户的信任。

（三）体现“顾客至上”

以客户为导向的营销理念对于电子商务环境下的企业来说是极其重要的。因为在电子商务时代，因特网技术极大地拓展了市场的范围，做大了市场的“蛋糕”，与此同时，因特网也为消费者提供了更广阔的选择空间。这样的情况实际上加强了电子商务环境下的企业的两极分化，获得消费者认同的企业将在市场份额的占比中越来越大，没有获得认同的企业则越来越边缘化。一旦在某一领域通过创新获得广大的客户资源，在后来竞争中其他企业很难取得优势。这样的例子并不鲜见，阿里巴巴集团推出互联网金融产品“余额宝”获得了广大的客户资源，后来者如“理财通”“财付通”均难以与之竞争。腾讯公司推出的微信获得了广大用户的好评，客户量极速攀升，后来者如“来往”“易信”“米聊”等均难以与之匹敌。说到底，创新都是从客户的角度进行开发设计的，也只有站在客户的角度去思考产品的开发，才能始终走在了同领域的前列。

第二节　电子商务对企业财务管理的影响

随着社会不断电子商务化，企业管理受到了极大的影响，财务管理作为企业管理的关键，也受到了极大的冲击。本章将从财务管理的环境、目标、研究对象等方面受到的冲击出发，研究电子商务产生的冲击。

一、财务管理环境的变化

物竞天择，适者生存。生物链中永远只会选择那些能适应环境、适应不断变革的群体。企业同样面临着优胜劣汰的命运。只有能不断适应大环境的企业才会生存得更长久。新环境在带来困难的同时也会带来机遇。面对变化的财务环境，如果财务人员能好好把握，可能会给企业带来更大的收益。

由于电子商务化，企业的内外部环境发生了重大的改变，特别是外部环境，这点可以从以下几个方面得到体现：

（一）由广泛性向个性化转变

旧工业时期的企业比较注重大规模生产，因为这样可以集中优势，节约成本。但是，在现如今电子商务时期，生产过剩，大众化的产品已无法满足人们对商品多样化和个性化的需求，消费者时刻在寻找属于自己的特有的商品。这样，厂商就需要对这种需求的变化作出快速的反应，不断推出一些具有独特性、个性化的商品。

（二）由产品核心向顾客核心转变

以前，企业的核心是产品，企业之间的竞争就是产品的竞争，企业一直想着如何利用同样的集中化的生产线，创造出更多的同质的产品，以降低生产成本，提高生产效率，实现规模报酬。但现在企业是在提供个性化服务水平、多元化产品需求基础之上，降低成本，获得收益。并且顾客忠诚度可以使企业长期保持竞争力，而保持顾客的忠诚度一方面需要高质量的产品，另一方面也要得到信息技术的支撑，及时、不断变化、准确全面的新老客户和潜在客户的信息对于分析客户的需求十分重要，所以要针对这些不同客户的要求不断地改进产品，改变我们的销售模式、销售方向，以高质量、优服务、快速度取胜。

（三）由人、财、物的角逐向信息角逐的转变

以前企业之间的竞争主要在于人、财、物，如今在知识经济时代，企业想要提高竞争力，离不开及时、准确的信息。信息已经成为一种战略性资源，企业的信息化是市场经济发展的需要，信息化管理的创新工程已经不仅是企业的效益工程，更是企业的生存工程，如果企业在信息化建设中失去了有利地位势必会被市场淘汰。

（四）由孤军奋战向供应链、企业联盟转变

随着经济全球化和科学技术的迅速发展，越来越多的企业开始意识到，孤军奋战很难在激烈的市场竞争环境中立足，于是企业开始对企业竞争关系进行战略性调整，纷纷从对立走向合作。而如今，电子商务的发展，如因特网的出现使这种合作与联盟变得更加高效便捷。换言之，因特

网改变了企业联盟的构造，提高了企业联盟的效率。

（五）由抢占本土市场份额向国际市场份额转变

改革开放初期，我国的企业局限于国内的发展，加入WTO后，我国与西方发达国家在技术经济方面的合作进一步加深，引进了许多先进技术和设备，为促进我国工业的快速发展创造了条件。我国传统落后的产业依靠引进充裕资金、先进技术和管理经验得以改造。同时，放宽了对国外某些企业和产品进入的限制，增强了民族企业的危机意识，使竞争的格局进一步加大，从以前的小范围竞争扩大到全球竞争。我国的民族企业也在不断提高生产效率，增强了国际竞争力。

（六）由规模至上向速度至上转变

旧工业时期，规模经济是企业成功的关键因素。企业希望通过生产能力的扩大和生产批量的扩大，使企业的长期平均成本下降。但是，不同的产业因其生产技术特性不同，工厂及企业规模经济的利用途径和形式也有所不同。在当今信息社会，现代消费需求的多样化和个性化使规模经济在一定程度上被速度经济所取代，及时快速的信息、优秀的管理团队、优质的企业资源以及先进的科学技术让企业在激烈的市场竞争中快速占领市场，抢占先机，率先获得成功。

（七）公司运营所需资金的来源

正是由于我国金融体系的建立，企业的资金运营才更加灵活，相应的财务管理实践也发生着变化。金融市场是现代企业赖以生存和发展的重要外部经济环境之一，与筹资、投资为基本框架的现代企业财务管理有着密切的联系。它不仅影响财务管理理论的发展，而且对企业筹资、投资实务也产生了重要的影响。20世纪30年代爆发的世界性的经济危机，导致大批企业倒闭，经济处于一片萧条之中。在此次危机中可以认识到，企业理财的重心不仅在于筹集资金，还必须采用科学的方法促使所筹集的资金在企业内部得到有效的利用，以最大限度地提高资金的利用效果。与此同时，许多国家的政府亦从经济大危机中吸取教训，进一步强化了有关财务信息揭示和证券交易等的立法，借以消除金融市场运行的无序状态，并使广大投资者和债权人的合法权益得到应有的保护。金融市场等企业内外环境的变化，为实现企业理财活动的规范化和有效化创造了条件，同时也为“传统理财论”向更高层次的“综合理财论”转变奠定了基础。

（八）企业财务管理理论的发展在一定程度上也依赖于科学技术的不断创新

信息时代，科学技术的迅速发展，企业管理方法也不断地完善着。而作为企业管理重要组成部分的财务管理必然发生着相应的变化。现代财务管理必然更多地依赖信息技术，主要表现在：第一，现代企业在信息技术的支持下，形成了连接多个企业的价值链。在完成筹资、投资和收益决策时，企业不再是一个孤立的决策单元，而是成为价值链上整体决策的一个重要环节。第二，信息技术的发展，促进了新的管理内容产生。如集团企业全面预算管理、资金集中管理、企业物流管理等。第三，信息技术促进了企业与相关利益者银行、税务部门、金融市场之间的信息沟通，财务管理的范围也从企业扩展到相关的利益群体。如税收管理、银行结算管理等也成为财务管理活动中重要的一环，这样就会形成集团财务管理网络框架。

通过网络财务软件将自身的财务、业务与因特网资源有机整合，企业才可能真正走出仅靠办个别网站收订单的“误区”，串起电子商务的整个链条，开拓企业的互联网生存新局面。

财务管理理论体系的构成是以财务管理环境为起点构建的，而财务管理环境是对财务管理系统有影响作用的一切因素的总和。电子商务时代的财务管理环境发生了巨大的变化，在这种情况下，财务管理工作者应该不断努力和创新，运用自己的专业知识，更加延伸和扩展，采用恰当的财务管理策略，审时度势，以应对这种不断的变化。

二、电子商务环境下财务目标的不同

财务管理目标又称理财目标，是指企业进行财务活动所要达到的根本目的，其决定着企业财务管理的基本方向。财务管理目标是一切财务活动的出发点和落脚点，是评价企业理财活动是否合理的基本标准。财务管理目标也是企业经营目标在财务上的集中和概括。制定财务管理目标是现代企业财务管理成功的前提，只有有了清晰合理的财务管理目标，财务管理工作才有明确的方向。因此，企业应根据自身的实际情况和市场经济体制应对企业财务管理的要求，科学合理地选择、确定财务管理目标。

传统理论认为，财务管理目标是“股东财富最大化”或者是“企业价值最大化”。股东财富最大化是指通过财务上的合理经营，为股东创造更多的财富，实现企业财务管理目标。不可否认，具有积极意义。企业价值最大化是指采用最优的财务结构，充分考虑资金的时间价值以及风险与报酬的关系，使企业价值达到最大。该目标的一个显著特点就是全面地考虑到了企业利益相关者和社会责任对企业财务管理目标的影响，但同时该目标也有许多问题需要我们去探索。

信息时代，随着电子商务的不断发展，财务管理的目标如果还是停留在股东财富最大化或者是企业价值最大化上，就显得过于单薄了。因为企业的相关利益者已经发生了根本变化，如果只注重股东的利益，必然会引起其他相关利益者的不满，造成一系列的矛盾和冲突，最后影响企业的整体效益。信息经济时代，资源的共享性，信息的快速传播使得企业肩上的社会责任变得更加沉重，越来越多的企业开始追求绿色管理，绿色经营。另外，电子商务的飞速发展依赖的是科学技术的支持，而科学技术的发展依赖的是经济的发展，经济发展的背后是以环境污染为代价的。现如今，我们越来越重视环境的保护，但对于企业的财务管理，我们也需要考虑到环保问题，考虑到企业应承担的社会责任，走可持续发展之路，才会走得更长远。鉴于此，我们的财务管理目标就不仅仅考虑股东的利益，还要顾及企业内部整体资源的节约利用、企业社会责任的承担以及环境保护的重要性。

之所以认为电子商务财务管理并非简单地将“商务电子化”，是因为相对于传统的财务管理学，电子商务财务管理所追求的目标有了显著的进步。传统财务管理学的研究目标是以企业利益与股东利益为导向的，而电子商务财务管理的目标则是实现企业与客户的双赢，甚至于更注重客户的利益。传统的财务管理以股东的利益作为基本的价值取向，因而在进行商务决策时往往偏重于短中期受益，而电子商务财务管理的目标则以公司的长远发展为取向，在进行商务决策时更加关注企业的长期受益。

电子商务的主流思想认为，只有在运营中坚持客户体验为导向，满足客户的需求才能最大限度地获得市场的认可，实现企业的快速成长。因此，在电子商务财务管理中，往往将成本控制获得的利益让利于客户，在“客户中心论”的基础上研究“单一客户利润”降低到多大程度，才能迅速占领市场，从而以规模效益获得公司整体利润的极大提升。再者，企业的健康可持续发展取决于企业所能获得的长期受益，传统财务管理学在实践中的发挥水平受到企业管理者水平的约束，管理者高瞻远瞩的能力直接决定了一个企业是否能长期屹立不倒。而电子商务财务管理通过高水平的计算机处理技术和通信技术，可以在计算机软件层面实现对企业历史财务数据和当前财务数据的有效整合，在此基础上，通过研究相关预测算法，利用计算机的海量数据处理能力，为决策层快速提供客观的、有效的商务决策排序。而在算法的研究中，研究人员往往在资源配置中更为注重长期受益的预期，甚至以牺牲短期利益为代价。

电子商务下，企业财务目标发生了改变：过于注重股东财富最大化或者企业价值最大化会使企业忽视环境污染问题。过去很多企业只关注如何才能盈利，完全不管其给社会或公众带来的负的外部性。但这种负的外部性究竟由谁来买单呢？显然，应该是企业自身。以前，消费者的维权意识较薄弱，但如今在电子商务下，人们的自我保护意识越来越强，环保意识也逐渐树立起来，越来越多的人们在关注环境保护和可持续发展之路，此时企业就必须承担起相应的社会责任，将环境污染成本或者其他负的外部性成本纳入企业财务管理之中，财务管理的目标也将会是有利于环境保护和资源合理利用的目标。

工业经济时代，物质资本造就了“股东财富最大化”或“企业价值最大化”，但知识经济时代，“相关利益主体”也支配着企业的一部分经济利益。

所谓物质资本，是指长期存在的生产物资形式，如机器、设备、厂房、建筑物、交通运输设施等。在传统的产业经济中，物质资本占据主导地位，但随着知识经济的到来，人力资本不论是在数量上还是在收益上都远远超过了物质资本，从而取代了在经济发展中物质资本所一度占据的主导地位。如今，企业的组织形式取决于物质资本和人力资本的合作关系。随着市场规模不断扩大、专业化分工的程度的深化、金融市场的效率不断提高，物质资本越来越容易被复制，而人力资本和创新的重要性越来越高。人力资本与物质资本的本质区别，在于边际报酬形态的差异：在资本应用过程中，物质资本表现出较强的边际报酬递减趋势，而人力资本则表现出较强的边际报酬递增趋势；也就是说，人力资本的根本价值，在于其边际报酬递增的生产力属性。在这种物质资本的主体地位被人力资本所取代的情况下，相关利益主体也支配着企业的一部分经济利益，而不只是股东们。

随着经济全球化的发展，我国的社会经济也在迅速发展，先进的科学技术也慢慢地应用到了人们生活生产的各个领域。于是，适应时代需要的、能够促进人和人之间进行信息交流的电子商务也迅速发展。这种以客户为导向的电子商务决定着企业的发展。

信息时代，很多企业运用电子商务和客户进行联系和沟通，在最大程度上满足客户和企业的需求与合作，从而进一步促进企业的发展和壮大。在电子商务中开展客户关系管理的分析主要有以下方面：（1）建立以客户为中心的电子商务网站。现代企业，为了提高客户服务质量，已经开始运用电子商务来和客户进行沟通交流，如有的企业在做客户服务时，都用Web、QQ、微信等现代化的工具系统。这些工具不仅有助于企业进一步了解客户的需求和兴趣，还能在很大程度上改善并提高客户的服务质量，促进企业和客户的交流，从而使客户能够在最短的时间里了解企业，并信任和认可企业，从而产生想要和企业合作的意向。（2）建立良好的后台客户信息管理系统。为了让企业对客户的需求、兴趣等有进一步的了解，为了企业能和客户建立良好的合作关系，必须建立一套有效而良好的客户关系的系统管理，以便对客户的相关信息进行深入了解及分析整理，从而进一步策划并整理出报告。（3）实施客户开发与客户挽留。老客户对产品或服务的评价会直接或间接地影响到其他人的选择和判断，因此，保持和老客户的联系，对产品和服务的宣传是有好处的。

以客户为导向的企业理念必须贯穿于整个企业管理之中，包括财务管理。财务管理的目标也应该以客户为导向来制定。

总之，电子商务环境下的财务管理目标较为广泛，既要满足股东的利益，也要满足其他相关者的利益，既要盈利，也要承担相应的社会责任。所以，电子商务环境下的财务管理目标主要包括以下两点：

（一）企业价值与社会价值的融合

财务目标既要实现企业价值的最大化也要实现社会价值的最大化。财务管理的目标取决于企业的目标，所以，财务管理的目标和企业的目标是一致的。当今社会，企业要想走得更远，盈利是一方面，企业社会责任的承担也是一个重要的方面，企业应该积极配合政府，保护好资源环境，实现自己的社会价值。

现如今，电子商务的发展，人们越来越重视环境的保护，越来越看重企业的名誉。互联网让赞扬传播得更远，也会让负面消息散播得更快速。所以，企业应更加注重形象和声誉，积极主动承担起相应的社会责任，赢得更多客户的信任，这样也会促进企业自身价值的最大化。社会价值可以促进企业价值的实现，两者是相辅相成的。

（二）协调好相关利益者的利益。

相关利益者指的是股东、客户以及知识资本所有者。电子商务环境下的企业是建立在客户需求基础之上的，企业的利润来源于客户，应该建立以客户为中心的电子商务网站、良好的后台客户信息管理系统并且实施客户开发与客户挽留方案，尽可能地满足客户的需求。在很大程度上，企业和客户的良好合作关系，在促进企业发展壮大的同时，也满足了客户对产品或服务的需求，是企业走向现代化的标志。

电子商务环境十分重视人力等智力资源，因此，企业财务管理的目标只有兼顾人力等智力资源的利益，才能避免不必要的冲突和麻烦。

电子商务环境下的财务管理目标跟一般的企业不同，首先其目标是多元化相得益彰的目标体系，实现客户的利益是其最重要的组成部分。然后才是知识资本所有者的利益，科学技术的迅速发展使知识资本所有者成为企业的中流砥柱，他们将为企业的盈利做出最大的贡献，所以我们必须满足其利益，他们才会更加有动力为企业尽心尽力。最后是实现企业的社会价值，企业是社会的一分子，我们每个人、每个企业都要为社会的和谐发展做出应有的贡献。当代社会更加迫切地需要企业承担起相应的社会责任，实现社会价值。在信息飞速发展、信息快速传播的社会，企业只有实现了其社会价值，才会获得社会和客户的认可，最终实现企业自身的价值。

三、电子商务环境下的财务研究对象的变化

传统企业运营中，商品的价值形态是随着商品的不断运动，从一种形态转化为另一种形态，在这个过程中就产生了资金的运动。所以企业的生产经营活动既有商品的运动，也有资金的运动。传统财务管理的研究对象就是资金的运动。

电子商务时代，企业与客户和供应商的交易都是在互联网上进行的，网上会记录相应的业务和财务信息。企业的信息、财务信息包括物流公司的信息都清楚地显示在网络上。这样，财务管理的研究对象的范围扩大了，既有资金的运动也有财务、业务的协同管理。

电子商务环境下的财务管理研究对象不仅包括资金的运动，还包括信息资源。并且，电子商务环境下的财务管理研究对象重点在于电子商务活动产生的大量的信息管理。因此，企业的财务管理势必发生改变，对于信息资源的管理更要加强。

四、电子商务环境下的财务管理内容的变化

信息时代，知识资本、专利权、专有技术、人力资源等对企业的发展，经济的增长起着关键作用。电子商务环境下，企业的竞争力来源于知识资本、人才等无形资产的高投入，这种不断的高投入使企业的资本结构发生了改变。在这种情况下，财务管理的核心内容也应该迈向知识经济、人才等无形资产。同样，经济一体化和全球化使企业的活动范围不断扩张，企业的理财环境也不再局限于某个地区，企业经营的竞争更为激烈，经营风险也将更为巨大，而作为企业管理的关键部分的财务管理必然也面临更大的风险，所以电子商务环境下必须将风险管理加入财务管理的研究范畴。

（一）无形资产成为财务管理的主要内容

传统工业时代，企业主要投入的资源是劳动力、土地、资金、原材料等，知识、技术等是外部的资源。如今，随着科学技术的迅速发展，技术、管理等无形资产在企业经济发展和创造经济效益方面所起的作用越来越大。根据激励理论，技术人才、管理人才和员工等人力资源也可以作为资本要素参与分配。

1. 无形资产在企业筹资中的作用。企业筹资活动是每个新公司或持续经营中的企业所面临的日常财务问题。为创办新公司、为维持生产经营活动、为对外投资扩张或为偿债等目的均需要企业不断地筹措和融通资金。在现行的企业筹资活动中，如果是创业筹资，可以利用创办人的无形资产吸收风险投资取得企业的权益资本；如果是企业持续经营条件下的筹资，

可以将土地使用权、商标权、专利权和著作权中的财产权进行抵押取得贷款；同时还可以与外商建立合资或合作企业的方式吸收对方的有形或无形资产投资；或者通过特许经营方式取得特许方的先进管理经验、商标权、营销网络等资源而减低准入成本。这些都充分显示出无形资产在为企业以多种形式筹集资金时开辟了广阔的渠道。

2. 无形资产在投资活动中的作用。对外投资是企业以追求利润、取得控制权或谋取管理及财务协同效应为目的的财务活动。

3. 无形资产在企业分配中的作用。企业的利润分配是将企业的税后净利润在投资者与企业之间的再分配，它不仅影响投资者的再投资积极性，而且也影响企业资本结构及再融资能力。品牌、技术、管理、计算机软件、营销网络等无形资产都可以转化为资本要素进行投资。如某些高科技企业，在企业尚未投入运营之前，技术就可以作为资本入股；在西方发达国家和我国近年的理财实践中，可以根据经营者业绩，奖励股份或股票期权从而分享公司利润。所有这些都充分说明参与企业利润分配的资本要素在扩大，无形资本要素在企业利润分配活动中亦发挥越来越大的价值。

（二）电子商务财务管理中的风险管理

信息化社会，由于企业内外部经营环境的变化，电子商务环境下的企业所面临的风险亦有所不同。由于信息技术在电子商务环境下的企业中的发展还不是特别成熟，因此电子商务环境下的企业面临着信息技术应用不熟练的经营风险和财务风险。电子商务环境下的企业要绝对重视这一风险，做好相应的风险管理措施，完善电子商务环境下的财务管理。

五、电子商务环境下的财务管理组织结构的变化

传统意义上企业的财务管理组织结构比较分散，财务人员在自己的岗位上有很大的权力，可以根据自己的需求设置不同的岗位，在自己的岗位上完成好自己的工作即可，总公司一般不干涉各分支机构的财务管理。

这种分散的财务管理模式必然会抑制其快速反应以及变化能力，难以面对日新月异的企业内外部环境的变化，尤其是在电子商务时代，信息的快速传播、转移和反馈，需要高效敏捷的财务管理团队。因此，电子商务环境下的财务管理组织结构为了应对环境的变化，需要做出相应的调整。

在电子商务时代，互联网的运营模式彻底打破了传统商务运营在时空上被限制的弊端。商务活动的各个参与方、电商企业集团内部的各个机构的交流沟通都可以通过即时通讯软件或邮件系统进行，各方面的数据也可以通过大型主站服务器进行实时动态共享。

在电子商务时代，企业往往会在集团总部建设一个强大的主站服务器系统用于处理海量的企业财务数据。通过内部局域网或互联网，企业的各个分支机构将财务信息数据传送给主站，主站系统接入了强大财务管理应用系统，能够利用下级机构传送来的数据进行财务分析、财务报表的自动发布、财务预算编制、下级机构财务状况远程审计等。各级单位的管理人员通过各自的权限可以对财务系统进行访问、编辑。这样，通过信息化运作，企业不仅可以节约大量的人力、物力、财力，还极大地提高了企业财务管理的效率。需要说明的是，在数据的传送过程中，会涉及企业商业机密泄露的风险，因此在与互联网进行对接时，应做好强有力的安全防护措

施，内外网之间应做好物理隔离，并对主站服务器设置安全区，以防发生信息安全被击破的事件。

六、电子商务环境下的财务管理业务流程的变化

传统企业中，财务管理业务流程首先是对日常生活中发生的业务进行记录，把记录这些信息的原始凭证装订成册，生成记账凭证，然后由会计人员根据会计凭证登入账簿，最后根据这些账簿做成财务报表。管理会计根据已经发生的信息，代入固定的公式、模型，计算得出有关参数，用来指导、改进今后的企业管理。财务管理按照从财务预测、财务决策、财务预算、财务控制、财务分析等环节顺序进行。

电子商务环境下，财务管理业务流程在传统业务流程的基础之上有了全新的发展，需要财务管理与业务流程的配合。主要体现在以下几个方面：一是企业内部各个业务环节的衔接，如网上采购、网上资金准备、网上销售、网上预算控制等；二是企业与其供应链的协同，如网上询价、网上催账、网上制订生产计划等；三是企业与其客户的协同，如网上订单、网上支付等；四是企业与社会相关部门的协同，如网上银行、网上年检、网上报税、网上报关等。物流、资金流、信息流同步生产，在提高工作效率的同时减少了差错，要做到这些，必须进行业务流程的再造和会计流程的优化。

第二章　电商企业集团财务管理

在现代市场经济条件下，大公司、大集团的作用日益凸显，已经成为现代工商企业的标志和民族产业实力的象征，当今国与国之间经济实力的竞争，突出表现为大公司、大集团之间的竞争。中国要在激烈的国际竞争中立于不败之地，屹立于世界之林，电商企业集团化发展无疑是经济发展与深化改革的必然选择。新经济时代是一个高度重视管理的时代，只有借助于管理，科学技术才能转化为生产力，只有科技和管理的共同发展，才能使新经济得以快速发展。财务管理是企业管理的一部分，有关资金的获得和有效使用的管理工作，财务管理的好坏，直接影响企业的生存与发展。新经济时代，由于企业生存环境的发生变化，企业财务管理的目标、模式、观念、内容等都受到巨大影响与冲击。旧的财务管理模式已不能适应现代经济发展的需要，因此，建立既符合我国国情，又能与国际惯例接轨的具有中国特色的现代企业财务管理体制，不仅是企业内部转换经营机制的迫切需要，而且是企业走向世界，在世界大经济环境中立于不败之地的现实选择。

近几年来，通过改革、改组、改造和加强企业管理，一些大型电商企业集团有了惊人的成绩，不但在国内市场形成了较强的竞争力，甚至有些已进入国际市场。但同时也应该看到，我国电商企业集团还存在很多问题。例如，我国电商企业集团凝聚力不强，集团内各子公司各自为政，无法发挥整体优势，重复建设、盲目引进屡见不鲜，投资小型化、分散化问题突出；资金管理混乱，造成频繁失控、资金浪费现象严重；利润分配不合理，成员企业相互扯皮，财务监控形同虚设。虽然有国家政策和体制方面的因素，但电商企业集团管理尤其是财务管理的不完善、财务管理模式失当，是其中一个非常重要的原因。

第一节 电商企业集团财务管理模式的概念和理论

为了进一步分析研究科学的电商企业集团财务管理模式，必须对电商企业集团财务管理模式的构成要素及影响因素等基本理论作出理论阐述。

一、电商企业集团的概念及特点

（一）电商企业集团的定义

对于什么是电商企业集团，在发达资本主义国家中最具权威的解释是1986年日本的金森久雄等主编的《经济辞典》中所下的定义：“多数企业互相保持独立性，并互相持股，在金融关系、人员派遣、原材料供应、产品销售、制造技术等方面建立紧密关系而协调行动的企业团体。”

我国学术界认为：“中国的电商企业集团是以公有制为基础，有多个法人企业通过以资金联结为主要纽带构成的多层次的企业联合体。其成员在依据利益关系建立的领导机构指导下，在生产经营、技术开发、市场开拓、投资发展等方面，密切合作、协调行动，形成利益共享、风险共担的利益共同体。”

国家市场监督管理总局也将电商企业集团定义为：“指以资本为主要纽带的母子公司为主体，以集团章程为共同行为规范的母公司、子公司、参股公司及其他成员企业或机构共同组成的具有一定规模的企业法人联合体。电商企业集团不具有法人资格。”

综合国内外对电商企业集团内涵的见解，笔者认为，电商企业集团是指以一个或几个实力雄厚的大型企业为核心，以产权联结为主要纽带，并以产品、技术、经济、契约等，将多个企业、事业单位联结在一起，具有多层次结构的以母子公司为主体的多法人的经济联合体。

也可以对该定义进一步地解释：

1. 电商企业集团是由一批具有独立法人资格的企业为共同利益而组成的经济联合体，非经济联合体的单体大企业不是电商企业集团。

2. 电商企业集团具有一个实力雄厚的核心企业，其实力可以在资本、产品、技术、管理、人才、销售网络等方面得以体现，以此来统率整个集团的生产经营活动。

3. 电商企业集团是通过产权关系为主要纽带，并以产品、技术、经济、契约等为辅助，将众多独立法人组织整合起来的，而非通过行政手段等其他方式组合而成。

4. 电商企业集团的成员企业保持着独立法人地位，在法律上是平等的；集团内部的和谐统一，既保证了成员企业的灵活性和创造性，有利于发挥各成员企业的积极性，又保证了成员企业行为的一致性和协调性，有利于电商企业集团实现其整体发展战略。

需要说明的是，电商企业集团与集团公司不能等同。电商企业集团与集团公司的关系，应该是组织整体与核心的关系。一般而言，我们把电商企业集团的核心企业称为集团公司，集团公司是一个完整的经济实体，是一个完整的企业。

（二）电商企业集团的特征

由上述定义我们可以看出，电商企业集团是一种特殊的经济组织形式，它与传说的企业不同，主要具有以下几个特征：

1．由多个独立的法人组成的电商企业集团。其内部各成员企业可以是多种多样的，如工商企业、科研院所、银行及其他金融组织等各种基金会都可以是其成员。这些成员单位不管具体形式如何，共同的特点是：它们都是法人，都是自主经营、自负盈亏、独立的法人实体。它们在产权关系、契约等力量的作用下联结成一个电商企业集团。尽管电商企业集团在组织上具有整体性，并且通过其核心企业控制和影响其他企业，从而实现整体目标，但其是一个不被法律承认的概念，不具备法人地位，并且不是独立核算单位。

2．群体性电商企业集团是一个具有多层次结构的联合体。电商企业集团的成员虽然有相互参股或控股关系，但一般都是独立法人。电商企业集团既有别于一般的企业群体，也不同于单个企业，一般的企业群体是更为广泛的概念，电商企业集团只是其中一种有特定纽带联合起来的企业群体，而单个企业即使有再大的规模，也只是大型企业。

3．规模大。这里所说的规模，既指电商企业集团核心企业的规模，也指电商企业集团整体的规模。从整体规模上讲，要有五个以上由其控制的子公司。由于电商企业集团整体规模大，各子公司、分公司大多分布在不同地域范围内，甚至遍布在世界各地，这给电商企业集团的信息传递、集团公司对子公司的财务控制、财务监督都带来了一定的难度，因此传统财务管理模式很难胜任。

4. 经营多元化电商企业集团往往是通过纵向、横向和混合、联合兼并而形成的，其企业成员呈高度专业化，从事各种不同的专门产品的生产和经营，从而使整个集团呈现多元化经营格局。所以经营业务往往集科、工、贸、服务于一体，向高、中、低多个层次展开。这样，一方面充分体现集团优势，实现其资源的优化配置，提高规模效益；另一方面还可以增强竞争能力，扩大市场占有率，降低经营风险。例如，美国通用汽车公司不仅生产汽车，而且其生产的铁路机车占美国铁路机车的85%，柴油机引擎占美国总产量的75%，电冰箱占总产量的30%；中国的海尔集团不仅生产海尔冰箱、冷柜、空调、洗衣机四大主导产品，而且还有自己的研究中心、服务公司及商业大楼，涉及电子、房地产、金融、贸易等行业。总体上看，多元化经营是大多数电商企业集团的共同特征，电商企业集团规模越大，这种特色越明显。

5. 多层次化电商企业集团各成员之间可以以各种方式为纽带相结合，其中资本是各集团成员间最基本最主要的联结纽带，同时电商企业集团内部成员企业之间还有生产、销售、技术、契约作为联结纽带。电商企业集团按产权关系的紧密程度，可将电商企业集团各成员划分为四个层次：核心层（终极投资母公司）、紧密层（控股子公司）、半紧密层（参股子公司）和松散层（协作企业）。核心层在集团中处于核心地位，其经营管理状况直接影响集团其他成员，不仅决定着一个电商企业集团的性质，还关系着电商企业集团的凝聚力和向心力的大小。紧密层是指由核心层掌握实际控制权的成员企业，两者是母子公司关系，构成了电商企业集团的主体，其管理活动相应成为集团管理活动的核心内容；半紧密层由参股子公司组成，母公司对其没有主要控制权；松散层是由以合同、协议等契约与母公司结成较为稳定的经济合作关系的企业组成，也就是松散层企业成员与母公司和集团其他子公司之间没有产权关系，仅仅是一种建立在各方平等互利基础上的合作关系。

美国著名学者、诺贝尔经济学奖获得者乔治·施蒂格勒曾指出，发达国家的大型企业无一不是通过兼并联合发展起来的。近代以来已经相继发生了五次企业兼并的浪潮，每次兼并浪潮都会产生一些巨型公司。在近年来新的兼并浪潮中，就出现了诸如戴姆勒—奔驰公司和克莱斯勒公司合并而成的戴姆勒—克莱斯勒公司、波音公司和麦道合并而成的波音公司、东京银行和三菱银行合并而成的东京—三菱银行等“庞然大物”。这些公司通过兼并联合，不仅扩大了经营规模，而且实现了资源的重组和优化配置，提高了效率和竞争力。

6. 经营国际化电商企业集团本身就是以大型企业为核心组建的，规模大、实力强，随着世界经济一体化进程的加快，不管是出于主动还是被动，一般都会实行跨国生产和经营。各国电商集团除了向国际市场进行商品输出外，还进行资本输出，直接在国外开设工厂或销售机构，在国际市场上与外国公司展开激烈的竞争。如日本的丰田汽车工业集团不仅在美国建立了分公司、分厂，还与美国的汽车制造商合资经营，从而避开他国的

“关税壁垒”和“配额限制”等，在开拓了新市场的同时，也赢来了新利润。目前，我国一些电商企业集团也将国际市场作为日后进攻的主要目标，逐渐向经营国际化的外向型电商企业集团发展。

二、财务管理模式的内容

（一）企业财务管理及主要内容

财务管理是基于企业在生产过程中客观存在的财务活动和财务关系而产生的，其管理目标是促进资金的流动性及应用性，最大限度地实现资本增值。现代企业制度下，企业必须保证的财务管理、营销管理及生产运作管理相互补充、协调配合，才能使企业更好地运转，形成更大的竞争力。

财务管理的主要内容是筹资、投资和利益分配。

从企业财务活动的逻辑关系可以看出，价值创造是逻辑起点，追加盈利性投资项目是实现价值增值的手段，筹资及分配活动在很大程度上影响着这一价值创造过程。

（二）企业财务管理模式及主要内容

所谓模式，是指某种事物的标准形式或使人可以照着做的标准样式。企业财务管理模式，是指在一定社会环境下，对企业财务关系和财务管理活动各种要素按照一定逻辑进行综合描述，反映各种要素基本特征及其内在联系与结构形式的有机整体。其是企业在资金筹集、运用、收回、分配等过程中对财务目标、财务环境、财务组织、财务观念、财务制度、财务战略等要素的综合描述，如果充分把握这些因素，就能够更好地对企业资金进行管理，使企业能够获得更好的经营利润。

企业管理所要解决的本质问题就是处理好各方面、各利益主体间的权、责、利关系。而其中的焦点又是经济利益关系（财务关系）以及由此引发的对权力的要求与责任的界定。因此，能否建立起合理有效的财务管理模式，直接关系着各方面、各利益主体以及各层级财务管理组织经营理财的积极性、创造性与责任感，关系着财务资源以及其他各项经济资源配置与运行的秩序性与高效率，是一个具有战略意义的重大问题。

财务管理模式的内容涉及非常广泛，主要表现在几个方面：

1. 企业财务管理目标。企业财务管理目标，是指企业理财活动所希望实现的结果。研究财务管理目标，有利于完善财务管理的理论结构，有效地指导财务管理实践，科学地设置财务管理目标，有利于优化理财行为，实现财务管理的良性循环。

关于企业财务目标，目前主要包括三方面：利润最大化、每股盈余最大化及企业价值最大化。有调查显示：32%的企业实际上以企业价值最大化作为财务管理目标，55%的企业实际采取利润最大化作为财务管理目标。然而电商企业集团受所处的经济体制及企业不同发展时期等因素影响，国有企业与其他所有制企业在理财目标上差异化明显，利润最大化已经并不适合每个企业。电商企业集团应该立足于自身实际，确立电商企业集团的财务管理目标。

企业财务管理目标决定企业财务管理模式的基本框架及运行方向，即不同的财务管理目标将产生不同的财务管理运行机制。

2. 财务管理组织机构。企业财务管理组织结构是企业财务管理运行的组织保证，是财务管理模式的外部表现及直观表现。财务管理组织机构因企业规模的大小而不同：在小型企业中，财务管理工作只是作为会计工作的一部分来进行的，工作重心是利用商业信用筹集资金和回收企业应收账款，很少关心筹集资金方式和投资决策的选择。但随着企业规模的增大，财务工作则显得越来越重要，如财务分析与规划、资金筹集、投资管理及盈利分配等。在大中型企业中，一般都设有独立的财务机构负责企业的财务管理工作。电商企业集团要想建立合理的财务机构和运行机制，首先必须明确集团本身的组织机构及其基本特征。

3. 财务管理体制。电商企业集团财务管理体制，是指管理总部或母公司为界定电商企业集团各方面财务管理的权、责、利关系，规范子公司等成员企业理财行为所确定的基本制度，简称财务管理体制。权与利历来是电商企业集团及其成员企业关注的焦点，而围绕这一中心的最大问题是，采取集权型还是分权型。集权与分权，从体制上关系着组织结构的设置与权、责、利的明确，从管理战略上关系着集团总部对成员企业积极性的判断及专业分工和团队协作机制的塑造。

电商企业集团财务管理体制按管理权限的集中程度可分为：集权型、分权型、相融型。

（1）集权型财务管理体制。集权型财务管理体制下，财务管理决策权高度集中于母公司，母公司对子公司实行严格的控制，实施统一核算，统一调配资金，实行集中管理。此种体制下，母公司管理着财务活动的各个方面，包括财务战略的制定与具体实施、资金的筹集与使用投放、成本的核算与控制、利润归集与分配，甚至日常会计核算等。子公司财务决策权微乎其微，重大财务事项都由母公司统一管理。

（2）分权型财务管理体制。分权型财务管理体制是决策权分散于各子公司，母公司起控股公司的作用。分权模式下的子公司相对独立，母公司一般不干预子公司的生产经营与财务活动，对子公司的管理强调的是结果控制，即对子公司完成受托责任的情况进行考核与评价。

（3）相融型财务管理体制。相融型财务管理体制是在对集权型和分权型进行批评和借鉴的基础上设计的一种财务管理体制。根据母公司权力集中程度的不同，该种模式又可以分为相对集权型和相对分权型。

一般而言，电商企业集团选择财务管理体制时会受到各种因素的影响，如子公司的性质、集团经营方式、子公司执行力等。从集团层次上看，母公司应对参股关联公司和协作企业采用分权制，对全资子公司采用集权制，对相对控股子公司采用集权与分权相结合的方式。总之，电商企业集团应根据自身实际情况，做出合理的选择。

4. 财务战略。财务战略是企业为了在激烈的竞争中取胜而以获取长期收益为导向，通过对企业的行业环境、自身能力和资源进行充分分析，针对企业的融资、投资和资金分配等财务活动制定的一套系统、长期的行动方案。在制定企业财务战略时必须将电商企业集团可能遇到的困难考虑在内。

企业财务战略主要包括：扩张型财务战略、紧缩型财务战略、稳健型财务战略。

（1）扩张型财务战略是指企业预期到未来的市场环境和内部条件会发生有利的变化，以企业的资产规模迅速扩张为目的的一种财务战略。企业采用扩张型财务战略，往往是在留存大部分利润的同时进行大量外部融资来弥补内部积累对企业扩张需要的不足，从而使企业财务战略目标比原有的战略起点大幅度提高。

（2）紧缩型财务战略是指企业预期到未来的市场环境和内部条件会发生不利的变化，以预防出现财务危机并求得新的发展为目的的一种财务战略。企业采用紧缩型财务战略，往往会尽可能减少现金流出的同时增加现金流入，集中一切力量用于主导产业，从而使企业增强市场竞争力。这种财务战略目标与原有的战略起点相比会有向相反方向偏离的态势。

（3）稳健型财务战略是指企业预期未来的市场环境和内部条件不会发生太大的变化，是以实现企业财务绩效的稳定增长和资产规模的平稳扩张为目的的一种财务战略。企业采用稳定型财务战略，一般会把优化企业资源配置、提高资源使用效率作为首要任务，从而使企业财务战略目标基本不偏离原有的战略起点。

企业财务战略的重点在企业不同的生命周期中不尽相同。通常情况下，生产战略应成为进入初创期的企业战略管理重点；步入成长期的企业，营销战略将取代生产战略而成为企业战略管理的核心；企业步入成熟期和衰退期时或企业处于转型时期中，企业所处的市场环境与财务状况会凸显财务战略对企业战略的全面支持作用，财务战略及其管理则成为企业管理的中心。总之，如何保持企业原有的市场收益能力，并随环境的变化而调整自身的财务战略，是电商企业集团在任何阶段都必须考虑的问题。

财务管理模式是共性与个性的统一。一方面，企业产品不同、技术水平不同、经营战略不同，决定了各个企业的具体模式不可能完全相同，必然存在着个性；另一方面，财务管理模式是对企业具体财务管理工作的高度概括，这又表现出一定的共性。

三、电商企业集团财务管理模式的形式

（一）“集权型”

1．“集权型”的由来。近年来，随着经济全球化和互联网技术的飞速发展，电商企业集团纷纷组建，并且在财务上越来越趋向于集权管理，对分支机构和子公司进行财务集中控制。电商企业集团要在外部竞争中形成较强的竞争力，必须对其资源进行战略性配置，强调总部配置资源的权威性。

2．“集权型”的特点。集权型财务管理模式是将子公司业务看作母公司业务的扩大，所有战略的决策与经营控制权（财务与非财务的）都集中在母公司。这种模型下，子公司的全部财务决策权均归母公司拥有，且母公司对子公司进行高度集权下的统一规划和管理，各级子公司拥有的只是负责母公司所计划的内容的具体实施。其主要适用于电商企业集团规模不大且处于初建期，或子公司在整体集团中占有重要作用使母公司不能对其进行分权，或子公司的管理效能较差等情况。

3．“集权型”的优缺点。

（1）实施“集权型”财务管理模式的优点：

第一，能实现集团一致性战略的控制，母公司对子公司的协调能力较强。在整个集团内部，按专业化分工协作的要求，把重大投资决策权集

中在集团总部，母公司可以集中各成员企业的资金，分轻重缓急，确保重点，缓解资金短缺的矛盾，优化资源的合理配置，加强各子公司间的合作意识，使集团富有凝聚力和战斗力，确保集团总体目标的实现。

第二，有效的融资决策。集团可以凭借其资产和信誉优势，或向银行贷款，或发行股票、债券，或为具备条件的子公司融资提供担保等多种渠道，广泛筹集资金，保证整个集团资金来源的畅通。

第三，统一纳税有利于增强集团实力。在税务处理上由集团总部集中核算，合并缴纳所得税，将各子公司盈亏不均的情况相抵后，总纳税额比子公司独立承担纳税义务要小得多。这在实际上把一部分资金多留在集团，增强了集团实力。

（2）实施“集权型”财务管理模式的弊端：

第一，决策信息不灵，造成低效率最高。决策层远离经营现场，信息掌握不全，易造成决策低效率，一旦重大决策失误，会给集团造成极大损失。

第二，灵活性较差，难以应付复杂多变的环境。由于决策集中、效率降低，子公司应对市场变化的能力大大降低，往往“一统就死”，不能根据市场环境的变化迅速做出反应，容易贻误经营机遇。

第三，制约了子公司理财的积极性和经营自主性、创造性，导致集团缺乏生机和活力。对子公司高度的集权，一定程度上剥夺了子公司的部分经营自主权，甚至有可能侵犯其独立法人的地位。

第四，不利于现代企业制度的建立，不能规范产权管理行为。由于母公司指挥的失败而导致的子公司的破产或清算，会在很大程度上破坏“有限责任”这一原则，使得母公司陷入财务困境，无法厘清母子公司间的财务利益关系。

第五，业绩评价体系不完善。公司的经理人员实质上只是起到母公司“监工”的角色，对子公司的经理人员的业绩无从评价和考核，也就不可能使电商企业集团管理行为真正规范。

（二）“分权型”

1. “分权型”产生的原因。“分权型”财务管理是和“集权型”财务管理相对应而出现的一种模型，它的出现主要是为了弥补集权型的失效而产生的。在分权制下，母公司或管理总部对子公司的管理主要通过对结果的评价来进行，是建立在一种完全的委托—受托责任基础上的。作为委托方的母公司或管理总部，一方面需要有明确的目标与管理要求，另一方面要对子公司的经营者完全赋予责任与权利。而作为受托方的子公司及其管理者，一方面要全面对子公司的经营情况负责，另一方面要向母公司或总部报告实施或落实其责任的全部计划，并由母公司对其计划执行情况进行监控，对其结果进行严格的考核。

2. “分权型”的定义和特征。“分权型”财务管理模型是指决策权分散于各子公司，母公司只是起控股公司的作用。在这种分权模型下，子公司相对独立，母公司一般不干预子公司的生产经营和财务活动，只对子公司完成受托责任的情况进行考核和评价。分权型的特征主要表现为：子公司在财权设置、资本融入及投出和运用、财务收支、费用开支、财务人员选聘和解聘、工资福利及奖金等方面均有充分的决策权，并根据市场环境和公司自身情况拥有更大的财务决策权；在管理上，母公司不采用指令性计划方式来干预子公司的经营活动，而是以间接管理为主；在业务上，鼓励子公司积极参与竞争市场份额的活动；在利益上，更多倾向于子公司，以增强其实力。

3. “分权型”的优缺点

（1）这种管理模型有下列几个优点：①子公司对外界环境的变化能快速地做出反应，灵活性强，一旦某一项目出现决策失误，不会影响整个集团的利益。②各子公司自行筹措资金、自行承担融资成本，具有返还信贷的能力，分散了母公司融资风险。③有利于培养子公司的资金成本和风险意识，使之更加谨慎地分配和使用资金。④子公司有充分的积极性，决策快速灵活，能够更好地抓住商机，增加创利机会。

（2）分权型财务管理的弊端：①子公司有较大的经营自主权，使集团公司财务权力的行使受到一定影响，对不同子公司之间的资源调动受到各子公司财务自主权的制约，不利于资源共享和资源的优化配置。②过度分权增加了整个集团生产经营过程中的矛盾与不协调，影响规模经济效益的发挥，导致内部资源配置上的重复浪费，造成集团整体实力及市场竞争力的下降。③财务管理活动缺乏合理的规范。各子公司大都从本位利益出发缺乏全局观念和整体意识，从而导致了资金管理分散、费用失控、利润分配无序。更严重的是，各子公司如果各自为政，则会造成资金成本增大、分别定义经营和战略责任，以至于形成电商企业集团“集而未团”的局面。④分权控制容易产生随意挪用资金和私自设立小金库等行为。

（三）“相融型”

1. “相融型”的概念及特征。“相融型”财务管理实质上就是集权和分权结合型财务管理。这主要由于上述的两种模型出现了比较明显的缺陷，相融型模型才应运而生。“相融型”财务管理是指电商企业集团按产品、服务、客户或地区划分为事业部门，电商企业集团总部授予部门很大的经营自主权，使其能够像独立企业那样根据市场情况自主经营，拥有财务决策自主权。

2. “相融型”的优缺点。“相融型”财务管理是集权与分权相结合的财务管理，所以其的优越性是集权与分权各自优点的相互结合的体现。具体表现有以下几个方面：

（1）便于指挥和安排统一的管理以降低行政代理成本。

（2）有利于母公司发挥财务调控功能，完成预定的目标。

（3）有利于发挥母公司财务专家的作用，降低电商企业集团整体风险。

（4）有利于统一调剂集团资金，降低资金成本。

（5）有利于在发挥母公司统一协调的总体功能的基础上，调动子公司的积极性和创造性，促进整个电商企业集团的发展。

（6）减少母公司一旦决策失误造成的影响，使决策更加理性化。

3. “相融型”存在的问题。“相融型”财务管理是体现集权与分权相结合的一种模型，但是，不同子公司有其各自的经营特点，对于集团整体利益的影响大小各异，因此应有针对性地选择集权或者分权的模式，对其财务管理的集权或分权程度必须加以权衡。过度集权不利于子公司发挥自主性，过度分权又不利于母公司在宏观上把握企业的发展方向，因此，重点是把握好财务管理集权与分权的“度”。但在现实中，许多企业甚至可以说绝大多数电商企业集团在选择“相融型”财务管理模型时，对这个

“度”的把握不是十分准确。所以，“相融型”财务管理存在着一些问题，主要表现为：

（1）名义上是集权与分权相结合，实质上还是集权型财务管理，非常不利于发挥子公司的积极性、主动性和创造性。

（2）名义上是集权与分权相结合，本质上是彻底的分权，造成电商企业集团名存实亡，最终导致解散。

（3）名义上为集权与分权相结合，但在电商企业集团中，不存在这两种模型，财务管理工作只停留在集权与分权的相互推诿中，造成无人监管的境况，或者说，没有一种具体的财务管理模型的电商企业集团。

（四）三种模式的比较

母子公司的财务特征和电商企业集团组织的扁平化导致了分权的必然性，而公司的规模效益、风险防范又要求集权。对集权与分权的选择、分权程度的把握历来是电商企业集团管理的一个难点。集权过度会使子公司缺乏主动性、积极性，丧失活力，而分权过度则会使集团财力分散、管理失控，削弱集团的整体实力。财务决策权的集中与分散没有固定的模式，而且选择的模式也不是一成不变的。

一个电商企业集团财务管理体制的集权和分权，需要考虑母子公司之间的资本关系和业务关系的具体特征，以及集权分权的“成本”和“利益”。作为实体的母子公司，其成员间往往具有某种业务的联系，特别是那些实施纵向一体化战略的企业，要求成员保持密切的联系，成员企业间业务联系越密切，就越有必要采用相对集中的财务管理体制，反之亦然。如果成员企业间业务联系的必要程度是母子公司有无必要实施相对集中的财务管理体制的一个基本因素，那么，电商企业集团内部的资本关系特征则是电商企业集团能否采取相对集中的财务管理模型的一个基本条件。只有当电商企业集团母公司掌握了子公司有表决权的一定比例的股份（如50%以上）之后，才有可能将子公司的财务决策相对集中于母公司。

综上所述，“集权型”“分权型”和“相融型”只是三种不同的财务管理模式，各自并无绝对的优点和缺点，只是在适用于某一个具体的电商企业集团时所体现出来的优越性不同。因此，电商企业集团在选择自身的财务管理模式时，不要去考虑其集权与分权的具体程度，而是找到一个适合自己，能够促使自身极大发展的模式。

四、现行电商企业集团财务管理模式的特征

电商企业集团因其自身面临的内外部环境不同，形成了不同的财务管理模式。从根本上讲，目前电商企业集团的财务管理模式具有以下特征：

（一）财务管理目标多元化

电商企业集团是以母子公司为主体具有多层次结构的多法人经济联合体。由于它们的财务管理目标并不完全一致，因此企业的财务管理目标呈现多元化。从母子公司的角度来说，它们每一项财务活动都是以实现其股东价值最大化为目标。在实际运作中，母公司为了实现整个集团范围内的股东财富最大化，可能会损害某些子公司的利益，这就使母子公司的财务管理目标发生了暂时性偏离，从更深层次上讲，母公司对子公司的控制将会受到一定的影响。

（二）财务管理内容复杂化

从大型电商企业集团的内部组织来看，构成其组成单位的企业可能存在所有制、行业和规模方面的差别，也可能存在国家、地区、政治、经济、法律甚至文化和传统方面的差别，这些差别的将使大型电商企业集团的财务管理在对象上表现出复杂性。电商企业集团财务管理不仅包括筹资管理、投资管理、利润分配管理等常规性内容，还包括规范集团财务治理结构、选择合理的财务管理体制、实现集团内部资金融通、制定集团内部转移价格、加强集团财务监控以及分配集团企业利润等。

（三）财务管理环境开放性

在市场经济条件下，企业处于一个全方位开放的市场环境中，企业的财务管理活动是在一个不断变化的环境条件下进行的，企业与环境之间存在开放的信息流。企业的任何行为都是在充分考虑其所处内外部环境的前提下做出的。这种开放性一方面加大了财务决策的难度，另一方面也促进了财务管理内容的丰富和发展。

五、影响电商企业集团财务管理模式选择的因素

电商企业集团在其发展过程中，会受到众多外部或内部因素的影响，使其性质、组织、经营等方面发生变化，这些因素本身及所导致的变化会对电商企业集团财务管理模式产生重要影响。

（一）经济环境

经济环境是指对企业财务活动有影响的一系列经济因素，主要有经

济发展状况、通货膨胀、政府的经济政策等。经济发展状况对企业的理财有重大影响，在经济增长较快的时代，企业要跟上这种发展，就必须筹集更多的资金，增加相应的厂房、工人及设备等。通货膨胀是财务管理中最棘手的问题，企业本身对通货膨胀无能为力，只有政府才能控制。在通货膨胀情况下，原材料价格上升，保持存货所需现金增加，人力成本和其他费用的现金支出也会增加，这时企业要相应地提高产品售价增加现金流入量，通过挖掘内部潜力降低成本。但产品售价提高受产品竞争限制，而降低成本的潜力有限，极易造成和加剧企业现金流量的不平衡。政府具有宏观调控职能，国民经济的发展规划、经济改革的措施、政府的行政法规等，对企业的财务活动都有着重大影响。政府的经济政策在对某些地区、某些行业、某些经济行为给予优惠、鼓励的同时，也会对另外一些地区、行业和经济行为进行限制，所以企业在财务决策时，要认真研究政府政策，争取趋利除弊。

（二）企业组织结构

电商企业集团内部的组织结构是影响电商企业集团财务管理模式构建的关键因素。组织结构和管理模式是统一的，离开组织结构就不可能去谈论管理模式，反之亦然。组织结构是组织内部各构成部分之间所确立的关系形式，科学与否，直接影响企业的运行效率。电商企业集团是多法人联合体，更要考虑组织结构对集团内部公司或企业的协调与控制。

根据美国学者威廉姆斯对企业组织结构的划分，集团内部的组织结构可分为三类：U型（单元结构）、H型（控股结构）和M型（多元结构）。U型结构是一种典型的集权化结构，直线型和职能型的组织结构都属于这一类型，如电商企业集团内部按职能划分为若干部门，各部门的独立性小之又小，权利集中在电商企业集团最高决策者手中。相应地，其管理方式也应该是集权化的。H型是一种有机的组织结构，各部门之间联系较随意，部门具有较大的灵活性。H型结构又是一种过渡的结构，母公司持有子公司部分或全部股份，子公司具有独立的法人资格，所从事的产业一般关联度不大，从而形成相对独立的利润中心和投资中心。在这一组织结构下，采取分权型的财务管理模式较为合适。M型结构是一种混合型结构，由三个层次组成：第一层次是指挥层，由董事会和经理班子组成，是公司的最高决策层；第二层由职能、支持和服务部门组成；第三层由相互独立的子公司组成，这是目前许多集团公司采取的组织形式。在M型组织结构中，公司的重要财务决策是由总部控制的，总部的财务部门负责全集团的资金筹集、运作，子公司的财务部门在某种程度上只是会计核算部门。可以说，M型结构下，集团公司的集权高度集中，突出了整体资源的优化配置，使各子公司的财务活动与集团的整体目标相一致，增强了子公司内部资金调控能力。所以说，如果电商企业集团内部所采用的组织结构不同，其所对应的财务管理模式也是不同的。

（三）企业经营方式及特点

企业经营方式及特点对企业财务决策也有所影响。从经营方式上看，有租赁经营、资产经营及股份经营，经营方式的不同对企业筹资来源和方式及利润分配方法也有很大的影响。就企业的经济成分来说，有全民所有、集体所有，有个体经营、私人经营，还有中外合资、中外合作和外资经营，不同经济成分的企业，其资金来源和利润分配亦有着显著的区别，国家在税收、价格上所采取的政策也有差别。企业必须根据经济成分来筹集资金、投放资金、分配收益、处理与各方面的财务关系。另外，在财务管理中还应当按照企业生产类型的特点来组织各项财务活动。

（四）财务能力

企业财务能力是指企业所拥有的财务资源的有机组合体，既是企业能力的财务综合体现，也是企业形成有效竞争力的必要条件。企业财务能力是企业能力系统中的一个子系统，主要由财务管理能力、财务活动能力和财务表现能力构成。财务能力是企业制定财务战略的重要影响因素，它与企业财务战略的协调程度对企业的生存、获利、发展至关重要，是制约企业核心竞争力调整、提升的重要因素。

企业财务能力随着经济的发展而不断发展，不同国家、不同地区、不同行业的企业以及不同时期的同一个企业，其财务能力均不相同。在市场经济条件下，电商企业集团应根据自身的经营方式和特点，结合当前的宏观政策和形势要求，针对领域内微观环境和市场竞争环境，对自身财务管理模式进行相应的选择和调整。

（五）企业战略

电商企业集团是一种特殊的组织形式，是由核心层（终极投资母公司）、紧密层（控股子公司）、半紧密层（参股子公司）等组成的多层次经济组织。集团公司采用何种财务管理模式需要依据其财务战略而定，也即需要考虑集团公司的发展战略。一般而言，集团公司通常会对与集团核心能力、核心业务密切相关的子公司的经营活动实施高度的统一管理与控制，倾向于采用集权型财务管理模式；而对于那些与核心能力、核心业务关系一般甚至没有影响的成员企业，通常实行分权管理。换言之，集团总部对核心企业和控股层企业的控制要明显严于参股层、协作层企业。

（六）电商企业集团发展阶段

任何一种事物，都有其产生、发展、成熟的过程，电商企业集团也不例外。电商企业集团在不同的发展阶段，为了适应业务发展的需要，应该采取不同类型的财务管理模式。通常来讲，集团在发展的初期规模较小，业务比较单一，所以在管理中应该突出控制，经营者必须通过集权化的财务管理方式，使电商企业集团从无序走向有序，较好地发挥统一决策和资源整合的优势，在行业中形成管理上的规模效益；在定向发展阶段中，低层管理者要求有更多的自主权，经营者可实施适当的“权力分散化”；随着电商企业集团规模的不断扩大，业务领域的不断开拓，集权型的财务管理方式已不可能满足电商企业集团在财务管理和经营方式上多样化的需求，这时就需要对子公司在各方面进行更多的授权，从而使集团公司的财务管理模式逐步向分权化发展。

（七）企业文化

每一个集团公司都有自己的文化特征，而且企业文化是集团公司核心竞争力的综合体现，因而母子公司的文化必须相融合，才能体“1+1>2”的聚合效应。

换言之，如果母子公司存在文化上的差异性，则采取集权型财务管理模式。如果母子公司文化相互融合，则采取分权型财务管理模式（但必须在一定的业务特征、管理体系和管理素质要求的前提下）。

（八）企业员工素质

无论采取何种财务管理模式，集团公司总部始终承担着财务总管的角色，重大投资决策始终由总部的财务人员做出，而且集权、分权或相融型财务管理模式的构建，自始至终都需要人员去进行，故而总部财务人员尤其是高层领导人员的素质成为构建财务管理模式中必不可少的影响因素。总部的财务人员若有较强的专业素质、良好的职业道德、极好的团队合作精神，有一个头脑敏锐、决策果断的主管人员，就能形成一个高效、高速的决策团体，因而具有极强的组织控制能力，较适宜采用集权型财务管理模式；反之，如果集团总部财务人员难以达到高素质，集权型财务管理模式的构建将受到极大制约。

（九）企业家个人风格

集团公司（母公司）的企业家（经营者）的个人风格也是影响电商企业集团财务管理模式选择的关键因素之一。如果集团公司经营者倾向于分权型管理，那么其采用分权型的财务管理模式的概率会很大；而如果集团公司的经营者是一个集权者（甚至是有某种程度上的独裁倾向），那么其采用集权型财务管理模式的概率会很大。

第二节　国外电商企业集团财务管理模式简介及启示

一、美国电商企业集团财务管理模式

从资产关系和法律角度看，美国的电商企业集团大多是由一个控股母

公司和一批独资或控股的子公司组成的。如美国电话电报公司在国内有按产品和服务对象划分的19个经营单位和1个贝尔研究所，但不是企业法人，而海外的19个子公司，均为独立的企业法人。数据设备公司（BEC）在美国国内有3个制造工厂和若干技术应用中心，均为分支机构，在海外有50多个子公司，均为独立的企业法人。美国电商企业集团财务管理模型主要受市场化程度、企业发展生命周期、企业规模等相关因素的制约，其母子公司管理更倾向于集权管理。

从发展历程来看，美国的电商企业集团财务管理体制上大体经历了一个从分权到集权，再到适度分权的过程。20世纪40年代后期，松散的多元中心的组织管理体制较为盛行。50年代以后，随着公司规模的不断扩大，为了加强子公司的协调，集中控制的组织管理体制较为流行。到了80年代，国际竞争日趋激烈，公司规模业务市场不断扩大，决策的复杂性凸显，把集中与分散结合起来的全球中心的组织管理体制更适合实际情况，因而也一度成为时尚。

美国电商企业集团设有三个中心：投资中心、利润中心和成本中心。投资中心设在集团核心企业，集团总部通过投资中心控制子公司的重大投资活动。投资中心功能主要体现在：统一制定集团的发展战略和发展规划，发展方向、发展的具体项目均由母公司决定，子公司不得违背；子公司开发批量生产的新产品及产权转让、兼并、收购其他公司以及资产的分配需要母公司同意；子公司的董事会成员，必须由母公司委派。集团本部运用利润上缴、利息交纳等方法筹集和集中资金，且对子公司的资金调拨、利润分配等重大决策都直接掌握，集中管理。而对于产品定价、销售等问题，集团总部一般不予过问，由各子公司自行负责。

二、日本电商企业集团财务管理模式

日本的电商企业集团从结构上可分为两大类：一类为水平型电商企业集团，如三菱、三井、三和、住友、富士和第一劝银，是世界公认的日本六大电商企业集团；另一类为垂直型电商企业集团，也称企业系列，如丰田汽车、新日铁、松下电器、日立制作所以及NTT日本电信公司等。两类电商企业集团的财务管理模型既有相同的地方又有各自的独到之处。

日本电商企业集团的财务管理实行依产权关系自上而下授权、按责任层次自下而上决策的运作机制。其决策层次一般有三层：一是“社长会”，属于水平型电商企业集团的最高权力机构；二是“常务董事会”，为垂直型电商企业集团股东大会之下的最高决策机构；三是“部长会”，为垂直型电商企业集团的中层决策机构。其运作方法是：有关企业投资、筹资以及收入分配的财务决策，先由基层财务部门会同经理人员做出，然后逐级上报汇总，由上一级决策部门根据各级决策权限及母（子）公司经营战略做出批准或认可的决定。决策权限依据集团类型及大小不一视情况而定，如关西电力公司，其子公司的投资决策权限为1亿日元以下，日立制作所的子公司投资决策权限为5亿日元以下。这种决策机制既考虑子公司的利益，又在集团内统一规划，在财务上采取一致行动。

日本电商企业集团的财务监督采用自上而下、内外结合制。对垂直型电商企业集团来说，内部监督的最高权力机构在集团总公司。财务决策虽是自下而上，但一旦定案，总公司则要监督执行。一般是由总公司定期派员巡回检查。例如，松下公司由总公司财务部的检查部内10多名专员每年（或半年）对各子公司及事业部的账目和经营状况进行巡回检查。日立公司则由总公司检查室的30多名专员每一年或两年对下属各子公司及事业部进行财务巡查。通过巡查，对企业作出评价，向总经理报告。外部监督主要通过各持股企业互派董事和来自主银行的监督（主银行往往兼有债权人和股东双重身份）。如果企业经营不善或是财务状况连续恶化，其高层领导人有遭受罢免的风险。

集团利润分配形式有两种，一种是以松下公司为代表，其利润中心设在总公司、各事业部。子公司营业所得大部分必须上缴总公司，上缴的形式是税金和股息，税金包括法人税和地方税，股息则和总公司的投资有关。另一种是以日立公司为代表，其利润中心就设在子公司一级，子公司向母公司上缴资本金利息、税金和利润，80%的利润集中在总公司作为战略资金使用。如果事业部、子公司在增加投资或自留利润不足时可以向总公司借款，但不允许从集团外借款。对于那些在倒闭之后为了进行重整加入日立系列公司的企业，日立公司要求其自力更生，而不直接注资，只是在信息技术方面提供方便，派出经理、工程师加强管理。

三、德国电商企业集团财务管理模式

相较而言，大多数的德国电商企业集团较好地解决了母子公司的管理职权问题，充分发挥了母子公司两个管理层的作用和电商企业集团的整体竞争优势。例如，SAP公司和TOTALFINELF公司将资本运作、投资方向、财务决策等关系企业经营战略的融资权、投资权、资本收益权、利益分配权等集中在母公司。同时，SAP公司和TOTALFINELF公司为了充分发挥子公司的积极性、创造性，赋予了所属子公司、分公司生产经营权、投资建议权、人事管理权、预算内资金支配权、内部分配权等。随着经济全球化进程的加快，企业财务管理的集中趋势更加明显。

德国大型跨国公司普遍利用现代先进的计算机技术、信息技术，建设了本公司的企业财务管理信息系统。公司总部和各层次管理部门可以通过信息系统随时了解和掌握权限内的全部会计信息和业务信息，对本公司的生产经营活动实施及时、有效的动态管理和全过程控制，实现了会计核算电算化、财务管理现代化、办公自动化，提高了公司的科学管理水平，增强了对市场变化的反应速度和应变能力。

另外，德国电商企业集团还实行了全面预算管理，通过建立全面预算管理体制，使追求利润最大化成为母子公司共同、自觉的追求。同时，德国电商企业集团还重视财务工作，重视科技投入，财务机构设置科学，集中资金进行技术研究和新产品的开发。

四、韩国电商企业集团财务管理模式

韩国电商企业集团为缓解资金约束，采取了一系列措施，其中“高负债政策”是其核心环节。1985年、1986年、1987年，韩国大电商企业集团的资产负债率分别达83.596%、78.196%、76.996%，1995年韩国真露集团负债率达307596%。韩国前30家电商企业集团，资产负债率超过500%的企业就有10家。

韩国对企业债务规模的约束机制实质上并不存在，银行放贷往往只看有无上级批示及书面担保，而不是资信状况。政府、企业、银行之间三角关系更是加剧了企业负债规模迅速膨胀，使得一些大电商企业集团迅速破产，如1997年，先后有排名第10的起亚集团等8家大电商企业集团破产。此外，韩国的大企业发展，选择的是多元化经营战略，普遍采用“章鱼政策”，过多地把精力集中于对其他企业的兼并收购上而忽视了企业管理。“大宇神话”的破灭便是韩国电商企业集团盲目扩张，资本迅速膨胀而导致经营失败的经典之例。

五、国外电商企业集团财务管理模式对我国的启示

从美、日、德、韩四国电商企业集团财务管理模式，我们可以获得促进我国电商企业集团财务管理模式的几点借鉴与启示。

（一）在强调低成本扩张的同时，一定要按市场规律选择联合企业类型，企业经营适度多元化

从我国目前组建的电商企业集团来看，很多企业不能根据市场状况和自身状况合理确定集团化目标，选择有利于集团的财务管理模式，只是盲目地调低成本扩张。在我国目前的资产重组中，有一种比较流行的做法就是承债式兼并，承担全部或大部分债务，这些债务又根据国家有关政策挂账停息，分期偿还，表面看，企业似乎不费成本，但有一些内因往往被忽

视，如前期谈判、合同签订和执行、购并以后派驻管理人员、改组管理机构、改进技术和注入营运资金等，甚至有些地方政府片面理解“发展是硬道理”的理论，搞假冒伪劣集团公司，拉郎配。对此，我们不妨借鉴日立公司的做法，对于被并购的企业，集团公司只在管理、技术、信用方面提供方便，而不注入资本。

（二）集团进行股份制改造，要明确产权关系

目前，我国国有企业进一步改革已经遇到了深层的问题，国有企业改革的重点应该放在结构调整和制度创新上，明晰产权是追求长远利益的动力之一，只有追求长远利益者才会讲诚信。对产权主体来说，信用是一种资源、是财富、是财力。在国外，一般先有股份公司后有电商企业集团，这样发展起来的电商企业集团是靠产权联结的母子公司结构。我国则相反，所以，必须对其进行股份制改造，将内部的行政关系改变为股权联结关系。这样不仅明晰了产权，规范了集团的组织结构，也理顺了集团内部的理财渠道。

（三）处理好财务权限上的集权与分权关系

在科学合理的组织结构和规范完整的内部管理体制基础上，集团要根据内部各层次和集团核心企业所持有的股权，科学界定母子公司的责、权、利，规范集团理财行为。母公司虽不能随意干预独立法人子公司的正常经营管理工作，但为了保证其资本金的安全性，可以从量的方面确定风险防范区间，确定各层次盈利责任的指标体系；从质的方面严格各项理财制度，考核奖惩制度。母公司的控制重点应是长期资产，而对流动资产的控制可以下放到子公司，并建立严格的授权批准制度。

（四）确定合理的资本结构，强调资金流动畅通

组建集团财务公司，使其成为集团的融资中心、结算中心、资金调控监督中心。建立新的银企关系，在集团财务核算体系中引入社会银行，提高资金结算效率，降低银行及外汇风险。强化集团财务监督体制，规范监督手段，充分挖掘集团公司内部资金潜力，合理构建电商企业集团最优资本结构，并通过经营和投资管理进行调整，集团公司统一向外贷款。

（五）建立合理的利益分配体系

利益分配合理与否决定了集团成员聚散离合。我国电商企业集团大多是国有或国有控股企业，是在国有资产授权经营模式下组建的，所以它首先体现的是依法分配，其次是内部分配。其分配方式应视母子公司的联结关系而定，而不应一刀切。对于投资方式如控股、参股形式组建的母子公司，应以返还投资收益的方式，兼顾集团整体利益和成员利益；对于母公司的分支机构或分公司，应以承包或租赁的方式按一定的投资回报率，向母公司上交利润；对于没有明确投资关系的内部行政型公司可采用固定基数比例向母公司上交；而对于集团内部成员之间的交易则可采用公平原则制定内部转移价格，最终达到集团价值和集团员工价值最大化目标。

第三节　我国电商企业集团财务管理模式的选择及发展

一、我国电商企业集团财务管理模式的现实选择

电商企业集团究竟采用何种财务管理模式？没有固定的答案。集团财

务管理模式的选择必须充分考虑电商企业集团目前所处的发展阶段、集团内部的组织结构形式、成员企业所在地的外部环境以及集团的整体发展战略等因素。各电商企业集团的实际情况不同，其内部的分权程度也不同，其所采用的财务管理模式也就可能不同。所以，电商企业集团在选择财务管理模式时，不应千篇一律，而应因地制宜、因时制宜。就目前我国大部分电商企业集团而言，应采用相对集权型的财务管理模式。主要原因如下：

（一）分权与控制的矛盾

要求对子公司财务控制实行相对集权模式，由于发展中的电商企业集团往往伴随规模扩张而发展，在经营管理权分散的同时，容易出现财务失控，最终导致电商企业集团发展受到重创。例如，西方发达资本主义国家在20世纪20年代末30年代初经历了一场史无前例的经济危机，大批公司因财务状况恶化而纷纷倒闭。而财务会计的失控导致资金周转困难是其中一个重要原因。在我国，巨人集团也是其中一例。巨人集团在发展过程中虽采用了控股型的组织结构，但在使各子公司保持较大独立性的同时，却又缺乏相应的财务控制制度，从而加速了电商企业集团陷入财务困境的步伐。为了在提高效率的同时不至于失去财务控制，应客观上要求建立相对集权型财务控制模式。

（二）极度集权型模式不符合现代管理思想发展的趋势

随着企业环境与现代管理方法的迅速转变，未来企业发展的一个重要趋势就是企业组织结构扁平化，而扁平化的核心是分权管理，重点是保证“分而不乱”。与世界上其他国家一样，我国企业所面临的经济环境在发生巨大变化的同时，企业管理思想也发生了变革。在日益提倡“人本”管理的今天，人力资源被看作企业最重要的生产要素，许多知名企业都把如何发挥职工的创造力和调动其工作的积极性作为一项重要任务来抓。而在集权模式下，子公司没有任何财务权限，其财务人员在业务上只能听命于母公司的安排，工作积极性完全得不到发挥，从而降低了工作效率，影响了集团目标的实现。

（三）我国电商企业集团所处发展阶段的限制

如果把我国电商企业集团发展的现状放到整个国际环境中进行对比，应该说我国的电商企业集团仍处于发展的初期，集团公司制定的发展战略尚未形成合力，没有达到规模经济，完全分权管理的条件还不成熟。从经济实力看，我国电商企业集团还远远不能与国外大公司相抗衡；从技术开发和组织、管理水平来看，差距也很大。所以，母公司有必要对各子公司进行一定程度的集权管理，依据产权关系，“迫使”子公司在其所划定的范围内开展财务活动。但是，出于调动子公司财务人员工作积极性的考虑，母公司应将子公司的一些财务活动管理权（如生产经营权、一般性的投资权、一般性资产的处置权、普通财务人员的任免权）下放给子公司，而将涉及子公司发展前景乃至影响整个集团战略目标实现的重大财务事项的决策权（如资本金变动权、重大投资权、重大筹资权、重大资产的处置权、财务机构的设置权、财务经理的任免权及预算的审定权等）集中于母公司，以实现对子公司的财务监控，通过适当地分权，还可以让母公司的财务人员有更充足的时间和精力参与整个集团的战略管理。

二、相对集权模式的运行基础及实现方式

（一）相对集权模式的运行基础

电商企业集团财务管理要体现集权与分权侧重集权、兼有分权相结合的原则，母公司主要侧重对方向性问题的集权，对子公司的具体事务则可分权，强调结果控制，但不对整个过程进行控制，只是有选择性地对重大问题进行控制。在这种模式设计中，电商企业集团财务管理的一个难点是对集权、分权程度的把握，若运筹得当，母公司可以在掌控整个集团的重大风险的同时，调动子公司的积极性。

（二）相对集权模式的实现方式

财务控制是公司控制的一种最重要的形式，是核心企业控制成员企业的重要环节。核心企业需要在财务预算、核算、收益分配上对成员企业进行股权控制。在这方面，西方跨国大公司一般实行资本化财务管理，主要遵循三个原则：第一，财务状况明晰化、透明化。第二，资产控制价值化，如对资金回报实行严格考核；对费用支出实行预算控制等。第三，金融运作科学化，严格金融控制，如银行贷款、资金调度、投资决策均归母公司控制。我国电商企业集团在实际运作时应采取何种具体策略或方式应该根据各个集团的不同情况进行选择。

（三）相对集权模式的运行保证

电商企业集团是随着环境的发展变化不断成长和壮大的，为了确保财务管理控制模式能够有效地运行，电商企业集团总部必须从财务组织机构、财务机制、财务制度等方面进行改革和创新完善，制定并实施相关的

保护措施。

三、新经济环境下电商企业集团财务管理模式的构建

经济全球化和区域经济一体化是经济发展不可避免的趋势，再加上高科技手段的运用，引起了企业生产经营管理活动广泛而深刻的变化，这对建立在传统工业经济基础上的财务管理模式提出了一系列新的要求。

我国电商企业集团财务管理模式存在的问题

1. 财务管理模式不够完善。我国的电商企业集团在财务控制的集分权模式中，两极分化严重。现行的集团财务管理模式，要么过度集权，把成员企业当作附属工厂或车间，整个集团则当作一个大企业管理，“统一领导”的财务原则绝对化；要么过度分权，大量的财务控制权下放到子公司，任其自由发展。集团公司无法对整个电商企业集团实施有效地控制，不能从电商企业集团整体发展的战略高度合理安排投资和筹资活动，使集团整体利益受损，集团内部财务政策不能达到一致。体现在投资上，便是整个集团投资规模失控，投资结构欠佳，有的项目因资金分散而搁浅，有的项目却又出现重复投资，致使投资效益大幅下降，经营风险加大；体现在筹资上，便是整个集团缺乏内部资金融通，对外举债规模失控，资本结构不够合理，导致利息支出增加，财务风险加大。这种缺乏一体化的财务管理实际上严重阻滞了资源的合理配置和要素的优化组合，使得维系电商企业集团的重要纽带——资金纽带松弛，导致电商企业集团缺乏内部凝聚力，各成员企业貌合神离，大大削弱了集团整体优势和综合功能的发挥。

在过去几年，我们把国家“扩大企业自主权”的宏观改革思路不适当地引入电商企业集团内部改造中，将“放权让利”的做法推向极端化，从而使电商企业集团在管理权，尤其是在财权方面出现过度分散的现象，导致母公司控制、协调能力削弱，“统一领导”的财务原则名存实亡，最终失去控制，使电商企业集团发展面临危机。

另外，电商企业集团财务管理体制不适应市场经济的需要，财务控制的原则性与灵活性没有形成有机统一。如果下属企业中缺少财务决策权，那么对临时发现的财务问题要层层上报到集团总部，再由总部层层决策下来实行，这样就很容易错过市场商机。反之，当子公司财务决策权过大时，又容易造成财务决策盲目或失误，不仅对集团参与市场竞争起不到决策参谋作用，而且还会成为向市场竞争对手提供竞争信息的工具，阻碍了企业的进一步发展。因此，财务管理模式过于集权或者过于分权都会引起财务控制效率的弱化。

2. 电商企业集团资金运作不规范。目前，电商企业集团的资金运作存在以下问题：

（1）电商企业集团资金条块分割严重。对于一些电商企业集团来说，其仍未超出以某种契约关系为联系纽带而进行资本营运，实质上仍是行政命令虚拟的企业联合形式，集团内部各成员仍严格划分势力范围，较难实现资金的集中管理、统一调配，难于发挥集团大资金的作用。

（2）电商企业集团存量资金盘活效果差。由于计划经济模式下的“重产值、轻效益、重外延、轻内涵、重投入、轻产出”的惯性作用，使得企业内部可以盘活的资金出现账面金额大，但实际盘活余地少的境况，从而影响存量资金效果。

（3）电商企业集团内部聚积大量的沉淀资金。目前，大多数电商企业集团在资金上存在两种现象：一方面资金短缺严重制约着企业的发展；另一方面又有大量资金沉淀在企业，活钱变成了死钱，不能最大程度发挥资金的增值效应。

（4）资金使用效率低。资金的集中管理和内部多级法人资金分散占用的矛盾日益突出，子公司多头开户的现象比较普遍，资金失控、投资随意性大、沉淀严重、使用效率低下的问题日益层出不穷。

（5）监控乏力。许多企业的资金流向和控制脱节，母公司难以及时掌握子公司财务资金变动情况，资金管理有章无序，体外循环严重。事前控制乏力，事后审计监督走过场，财务风险极大，不出问题则已，一出问题就触目惊心。

3. 财务控制缺乏一体性。财务控制主要是按照所有者意图，根据有关法规、制度和标准，通过控制集团母公司及其子公司的财务活动和财务关系，促使与财务活动有关的各方面按照财务要求的行为规范进行活动。财务控制是电商企业集团财务管理不可缺少的组成部分，应贯穿于电商企业集团生产经营的全过程。但是从我国目前的情况看，电商企业集团的财务控制主要集中于事后控制，大多缺乏至关重要的事前预算和事中控制。许多电商企业集团在事前决策形成之后，对于进一步的财务控制工作往往注重年度利润规划，满足于制定出全年的销售收入、成本费用、目标利润等几个总括性目标，并没有进一步将决策具体化、编制出具以进行控制管理的月份、季度、年度财务预算。因此其中预算与经营业绩比较也就难以进行，事中控制流于空谈。既然事前控制未必有效，于是下属企业对决策的整个执行过程基本上超出了核心企业的财务控制范围，游离在核心企业的财务控制之外。

电商企业集团自身如果没有建立起贯通母子公司的财务控制机制，致使财务控制各自为政，母公司则不能从电商企业集团战略高度来统一安排投资、融资活动，整个集团盲目扩大投资规模，投资结构欠佳，对外举债失控，财务结构极为虚弱，一旦经济不景气或产品销路不畅，资金流动出现障碍，集团就会陷入困境难以自拔。

第三章　我国中小企业的项目投资与财务管理模式

第一节　我国中小私营企业的发展与现状

一、中小私营企业的发展历程

（一）中小企业的定义

中小企业在不同的国家有着不同的界定，即使在同一国家，不同历史时期，不同产业部门也有不同的标准。中小企业作为企业规模形态的概念，是大企业的对称，也就是相对于同行业中大型企业而言，属规模较小的企业。对于中小企业的界定，国际上有定量界定和定性界定两种方法。定量界定设定的标准一般有三个因素：一是实收资本；二是企业职工人数；三是一定时期（通常为一年）的经营额。定性界定的标准一般有独立所有、自主经营和在同行业中不处于垄断地位几个标准。目前大多数国家都采用定量界定标准，这种标准比较简单且易于统计，但也有少数国家在采用定量界定的同时采用定性界定标准，这样更有利于国家支持中小企业的发展。正是由于中小企业在竞争中处于弱势地位，政府为了弥补市场缺陷，保护公平竞争，促进效率的提高，制定相应的保护性政策，所以规定了中小企业为行业中不处于垄断地位的企业。如在美国，就在采用定量界定的同时采用定性界定标准来定义中小企业，规定了凡年营业额在1亿美元以下，员工在500人以下的企业，独立所有，自主经营，且在同行业中不占垄断地位的企业均被视为中小企业，政府对符合这些规定的中小企业提供了一系列的政策支持。

我国中小企业的划分标准一般以独立核算的基层生产单位为对象，随着经济的发展经历了几次调整，正在不断完善中。如在1962年，只是简单地按职工人员标准进行划分，规定3000人以上为大型企业，500—3000人为中型企业，500人以下为小企业。在经过几次调整后，到1999年将销售收入和资产总额作为主要参考指标，将企业划分为特大型、大型、中型、小型四类，其中年销售收入和资产总额均在50亿元以上的为特大型企业、年销售收入和资产总额均在5亿元至50亿元的为大型企业、年销售收入和资产总额均在5000万元至5亿元的为中型企业、年销售收入和资产总额均在5000万元以下的为小型企业，这种划分包括了所有行业各种所有制形式的工业企业。但我国目前许多统计数据执行的仍是1988年由国家有关部门联合发布的《大中小工业企业划分标准》。按照这个标准，产品单一的企业按照产量划分，生产多品种产品的企业主要依据生产能力和固定资产原值划分。按照统计分类标准，全部工业行业有154个小行业，每个行业又有不同的标准。比如，在工业企业中，钢铁联合企业中的中小企业是指年产钢在100万吨（不含100万吨）以下的企业；而对于炼油厂来说，年加工原油在250万吨（不含250万吨）以下的属于中小企业；新建自行车厂中小企业的概念则是年产量在100万辆（不含100万辆）以下。目前这个标准主要针对工业企业，没有覆盖其他行业，已经不能适应我国的经济发展需求。日前在上海举行的第八届APEC中小企业部长会议新闻发布会上，国家有关部门就谈到正在研究制定新的中小企业划分标准。新的标准将主要以销售收入、资产总额为划分标准，更符合我国国情，并与国际通行标准接轨。

（二）中小企业与私营企业的关系

中小企业和私营企业存在极为密切的联系，使我们在研究中小企业时就不能不提到私营企业。私营企业是指企业资产属于私人所有、雇工8人以上的营利性的经济组织。我国实行以公有制为主体，多种所有制共同发展的方针，国家依法鼓励和保护各类中小企业的健康发展，从目前的实际情况来看，私营企业规模虽然在不断扩大，但仍以中小企业为主。截至1997年底，私营企业的户均注册资金53.5万元、产值40.8万元、销售总额32.2万元、社会商品零售额18.3万元，私营企业成为中小企业中的主要组成部分。第三次全国工业普查（1995年）显示，在小型企业的数量上，个体和私营企业占77.7%，集体占20.1%，国有占1.4%，三资企业占0.6%；而在产值方面，集体占51%，个体私营占23.3%，国有和三资企业各占13.1%。

中小企业在数量上以私营企业为主，随着国家经济体制改革的进一步深化，未来的中小企业将不区别所有制形式，中小私营企业大有可为。1992年，党的十四大明确提出，“国有中小企业有些可以出租或出售给集体或个人经营”。1993年，党的十四届三中全会进一步明确规定：“一般小型国有企业可以实行承包经营、租赁经营，有的可以改组为股份合作制，可以出售给集体或个人，出售企业和股权的收入，由国家转投急需发展的产业。”从而为国有中小企业改革指明了方向，初步形成抓大放小的改革思路。虽然在实际操作中由于配套措施及政策的不到位，使中小企业的改革并没有大的转机。但是随着改革的深入，国有中小企业将不断走向市场，同时随着国家技术创新体系的逐步建立，越来越多的科技成果将实现产业化，而高科技企业在起步阶段一般为中小企业，未来则会有更多的科学家、工程师创办科技型私营中小企业，不仅为中小企业带来了技术和人才，而且更有利于中小企业自身的发展。而私营企业作为中小企业的主要组成部分，其发展的过程就是中小企业的发展过程。

（三）我国中小企业的曲折发展道路

中小企业作为我国经济中的一个特殊企业群体，经过几十年的改革与发展，在城镇经济、个体和私营经济中均得到了迅速增长，特别是广大农村乡镇企业异军突起，其主体就是中小企业，加上原有的国有中小企业和合资企业，目前已形成了各种所有制形式、各种行业并存的中小企业群体。自1978年中国实行改革开放政策以来，我国中小企业在宏观指导和微观管理的基础上取得了令人瞩目的成绩。这些企业规模虽小，却对国民经济发展和社会稳定做出了巨大的贡献，对发展社会生产力、繁荣社会主义市场经济、增加国家财政收入、缓解城乡就业压力、方便人民生活等方面都起到了积极作用，如非公有制中小企业的发展创造了大量的就业岗位。当然，中小企业目前的成长和发展仍面临种种制约，如在国家政策发展上，尚存在贷款难，取得信息、人才难，但国家将大力推进中小企业的结构调整、鼓励创新、拓宽融资渠道、建立信用担保体系、健全社会化服务体系，这些都充分体现了国家扶持中小企业发展的决心。未来的中小企业必将在进一步规范的基础上快速发展。

二、我国中小企业的总体概况

（一）中小企业的地位和作用

中小企业作为国民经济的重要组成部分，其宏观作用主要体现在对保持整个国民经济活力的巨大贡献。其作用具体表现在以下几方面：

第一，打破垄断，促进竞争，使市场良性发展，推动企业进取，保持经济活力。大量中小企业的存在必将会使市场竞争更加完全与充分，同时众多的中小企业本身是按照市场机制运行的，其竞争性使其成为促进我国市场发育、推动经济体制转轨的重要力量。

第二，培养企业家。企业家是优秀企业领导人（包括投资者、经营管理者）的简称。在中小企业中，由于投资与经营大多是合二为一，业主兼任经理的企业家居多，创业者往往以中小企业为起点，在激烈的市场竞争中，随着企业的发展而得到成长和锻炼，可以说中小企业是培养企业家的摇篮。事实上，许多优秀的企业家，都是随着自己创办的公司发展壮大而同时成名的，企业的发展史就是企业家成长的证明。

第三，解决就业压力。中小企业一般以劳动密集型产品为主，同样的投资相比大企业可以吸收到更多的劳动力。在我国现阶段的经济发展中，劳动力相对丰富，而资本相对稀缺决定了劳动密集型的中小企业在很长一段时间里会成为我国企业组织中最有活力的构成部分。

（二）我国中小企业的现状

中小企业的发展是我国国民经济增长的重要组成部分，目前全国拥有中小企业3000多万家，占注册企业数的90%以上，其创造的工业总产值、实现利税和出口总额分别占全国总量的60%、40%和60%，并提供全国总数75%的就业机会。

私营经济的快速发展，充分体现了中小企业在不断壮大。近年来，中小私营企业不仅在数量上得到了充分的发展，其涉足的领域也在不断扩大，不仅在贸易、餐饮、服务、工业制造等传统行业中取得了显著的发展，而且在交通能源等基础设施领域和科技、教育、信息等新兴领域成为一支生力军。政府也越来越重视中小企业的发展。

三、我国中小企业目前的经营特点

中小企业作为一个群体，必然有着不同于大企业的经营特点，主要表现在以下几个方面：

（一）经营管理者和所有者统一

中小企业中，经营者往往就是最大的股东，自己出资，自己经营。这一方面表现为企业决策灵活及时、经营目标明确和强烈的追求利润最大化的优势，经营者目标与股东利益取得一致；另一方面表现为公司在经营上缺乏有力的外部监督，资金使用上存在一定的随意性，不利于公司的良性发展。

（二）经营多属于负完全责任的个人经营

企业的经营决策主要依靠领导人自己对市场的直观把握，因此企业的成败完全取决于经营者的个人能力。其特点是：一方面表现为有权力、善独裁；另一方面则表现出内在的激励机制，较少存在经营者的“代理成本”，经营者具有机动性、成本意识、担当风险的勇气，有强烈的社会责任感和开拓精神。

（三）初始资本及可利用的资本少

企业经营的初始资本主要来源于个人积累及借款，资本额少，加上外部融资能力的限制，致使资金短缺成为制约中小企业发展的主要原因，资本增值也在一定程度上受到限制，这就将中小企业的活动领域限于中小资本能操业的范围，否则会遇到极大的风险。

（四）具有经营机制方面的灵活性和易变性

中小企业在经营中表现为对市场需求的变动反应及时，可迅速、合理地调度和配置资金和劳动力资源。如在中小企业密集的浙江省就表现为主导产品突出、专业化程度高、管理成本低，在大环境相对萧条时期，能加快调整步伐，适应环境，保持相对稳定的发展。

（五）面临的市场竞争压力较大

中小企业从事的行业大多门槛很低，所以在扩大其产业市场的时候，会有源源不断的新的对手参与进来，容易形成过度竞争的局面，而中小企业自身弱小，很难禁得起市场波动的冲击。出于这种原因，经营者常常为避免竞争而寻找出路，在质量、性能、设计上搞差别化，避开价格竞争，力求实现不完全竞争。

（六）受环境变化刺激或冲击大

与大企业相比，中小企业一般缺乏大企业所拥有的人力资源，资本金薄弱，产品品种单一，顾客面窄，较长时间依赖于某一种产品和技术，因而环境一旦发生变化，对中小企业的冲击和压力就会增大，许多中小企业就是因为难以适应新的环境、政策的压力而导致破产。

四、我国中小企业存在的问题

通过了解以上现状及对比分析国外中小企业，可以发现我国中小企业在外部宏观环境及内部管理方面存在如下问题：

（一）外部宏观环境

1. 中小企业的管理机构不统一。我国没有像发达国家那样设有专司中小企业的政策机构，如美国的SBA（Small Business Administration），结果自然就造成政策主体多元化，政出多门、缺乏协调。在乡镇企业、科技企业、私营企业中各种规模的企业多有交叉，很难对各种所有制、各种行业的中小企业进行统一的管理。

2. 中小企业数量需进一步增加。从企业数量上看，世界上主要国家的中小企业都占有绝对优势，一般都在95%以上，我国人口众多，中小企业从绝对数量上看仍然较少，更不用说与发达国家整体发展相比，仍有较大的距离。我国的中小企业也需要有一个大发展的时期，针对目前我国企业注册的程序还相对较为复杂，国家也出台了一系列政策积极鼓励扶持开办中小企业。

3. 不公平的政策环境。对不同所有制形式的企业，没有实行一视同仁的政策。20世纪80年代初，国家对以中小企业为主的乡镇企业的发展给了许多优惠政策，但随着改革的推进，这些政策也逐步取消了，在新的历史条件下，中小企业不但很少得到政策优惠，反而面临着不公平的政策环境。在“抓大放小”政策的诱导下，一些地方上的政府对于组建当地的大型电商企业集团很感兴趣，而弃中小企业的发展于不顾或者只对出售中小企业感兴趣；一些地方的政府对于个体私营中小企业的发展不关心，而热衷于公有性质的企业发展。因此，不仅要在认识上，而且要在实践上彻底解决“所有制成分论”的问题。

（二）内部管理制度

随着国家政治经济环境的不断宽松和好转，中小企业要取得发展关键还在于改善和加强自身的内部管理，其存在的问题主要有以下几方面：

1. 中小企业内部责权利关系不明确。中小企业因为规模小，资产的内部结构并不复杂，但仍存在一些所有权和经营权不分、激励与约束机制不同步的问题。

2. 中小企业缺乏基础性的规章制度。中小企业一般没有完善的规章制度，包括岗位职责管理制度（如财务、营销、作业、设备、材料、质量、安全管理等）、奖励与处罚制度、企业文化制度。在管理上有很大的随意性，多以管理者主观意志为转移，同时由于组织结构的不健全，缺乏专业管理人员；表现在财务管理上，存在财务制度不健全、财务管理混乱等问题。

3. 中小企业的信用和融资能力差。由于中小企业在市场中不占主导地位，它们只是市场价格的接受者，因而在与市场上其他企业竞争中常常处于劣势。在不确定因素的作用下或市场价格发生变化的情况下，其经营状况很容易恶化，随之而来的是发生信用危机。加上中小企业的生存周期比大企业短，而信用又与企业的经营状况本身有很大关系，无法评价与预期企业的经营状况，就无法评价与预期企业的信用。同时由于评价资信的成本很高，中小企业资信很难得到有效保证，造成中小企业自身信用较低。再加上中小企业的财务结构一般均不佳，如负债过多、资金结构不当等，导致了中小企业融资困难重重，资金不足成为中小企业致命的弱点，极大地限制了中小企业的发展。

4. 缺乏科学的决策机制。中小企业的决策往往比较简单，中小企业获取、处理和分析市场信息的能力较薄弱，使其对经济大环境变动、金融环境变迁及产业形势变化往往无法做充分、及时的了解。加上企业的大部分决策由经营者一人凭借经验决定，虽然中小企业的领导虽然大都为某一方面的专家或行家，但对其他领域的了解却是有限的，缺乏现代管理技能，无法充分利用各种资源，决策时缺乏理论依据，具有很大的片面性和盲目性，容易造成失误。

第二节　从现代企业财务管理模式看中小企业财务管理

一、现代企业财务管理模式

（一）企业财务管理定义

根据现代企业财务管理的概念，财务管理是指在一定的整体目标下，关于资产的购置、融资和管理。因此财务管理的决策功能可以分为三个主要领域：投资决策、融资决策和资产管理决策。企业必须借助于一整套科学的管理方法和手段对公司资金来源和资金运用，包括资金预测、计划、控制和核算进行有效的管理。

现代企业制度的发展，使财务管理的功能日益得到强化，财务管理不仅仅掌握着企业资金的运行，而且对企业的决策、发展与未来具有重要影响。市场经济越发达，资源的流动性越快，对资金管理及有效运作的要求就越高。因此，适当的财务安排，是企业保持和增强长期收益能力的一个重要条件。

（二）企业财务管理目标

在现代企业制度下，企业的成功以至于生存在很大程度上取决于其过去和现在的财务管理制度。财务管理不仅与资产的获得及合理使用的决策有关，而且与企业的生产、销售、管理发生直接关系。财务管理作为企业管理的一部分，其目标取决于企业的总目标，同时亦受财务管理自身特点的制约。企业作为营利性组织，其目标就是要实现企业的生存、发展和获利，要求财务管理要完成资金的筹措、投放和使用的任务。公司的目标是追求利润最大化，也就是税后收益最大化。但现代公司里，所有权和控制权分离往往造成了管理者和股东之间的潜在矛盾，致使两者目标不一致，使管理者往往为了自己的利益最大化而工作。财务管理就需要充分发挥财务管理监督、控制和激励的作用，从而实现股东利益最大化目标。

（三）企业财务管理内容及职能

企业的财务管理目标是企业价值最大化，其途径就是要提高报酬率和减少风险，这就决定了财务管理的主要内容应该包括投资决策、融资决策、股利决策和资金分析和控制主要职能是要进行决策、计划和控制。

1．投资决策（资金预算）。投资决策，也就是进行资金预算（计划），是财务管理最重要的一个决策。企业进行投资就是要获得资金增值或避免风险而运用资金的一种活动，目标就是要最大限度地增加企业收益。公司在成立初期，需要决定公司的投资方向，确定投资规模；在公司进入持续发展时期，更应该充分考虑公司的资产负债表，在明确公司资产的总额，即公司规模的前提下，决定投资什么，不投资什么，对没有经济效益的资产，应减少投资或停止投资，或用别的资产代替，使公司的投资方向更加合理。投资的过程就是将企业资金转化为资产的过程，目的是保证资金的增值或规避风险，从而最大限度地增加企业收益。

2．融资决策（资金筹集）。企业要筹集所需的资金，融资渠道有多种，如举债、发行股票、租赁等，融资方式可分为内部融资和外部融资。内部融资是企业自身的储蓄和资本积累；外部融资则是企业将社会储蓄转化为投资的融资方式，其又可分为直接融资和间接融资两种形式。直接融资包括股权融资和企业债券融资，是资金使用者与资金提供者直接交易的融资方式；间接融资是通过金融媒介进行的融资。财务管理的关键要决定各种资金来源在总资金中所占的比重，即确定资本结构。在决定了公司的资本结构后，财务管理就应选择最佳的途径、用最低的成本筹集企业所需的资金，提高资金的使用效果，使筹资风险和筹资成本相配合。

3．股利决策（利润分配）。股利决策就是股利分配，也就是在公司赚得的利润中，决定有多少作为股利发放给股东，有多少留在公司作为再投资。合理的利润分配是财务管理的一个重要方面，公司要根据市场金融状况、企业自身财务状况及发展目标，确定合理的分配政策，处理好短期收益与企业长期发展之间的关系，根据自己的具体情况确定最佳的股利政策。股利分配决策，从另一个角度看是指留存收益决策，因此也可以看成内部筹资问题。

4．资金分析和控制（包括财务结构的管理）。资金的分析和控制是财务管理的一个重要组成部分。管理最主要的职能是计划和控制，计划的过程又包含了大量的决策问题，因此财务管理的职能就是不断地进行决策、计划和控制，以实现有效的管理。财务决策、计划和控制同时构成财务管理的一个循环。

在企业经营过程中，财务管理需要大量运用现代财务管理知识，如财务报表分析、财务比率分析、现金流量分析、营运资本的管理等手段，结合企业的经营状况，对公司的资金进行分析和控制，确定最有利于企业长期发展的资本结构，使资金能够有效地利用，服务于企业长远战略。

二、中小企业不同于大企业的财务管理特点

中小企业由于其自身不同于大企业的经营特点，决定了其有着不同于大企业的财务管理制度。

（一）股东与管理者的财务管理目标相一致

这主要是由于在大多数中小企业中，经营者自己往往就是最大的股东，使得管理者与股东目标一致，即实现企业价值最大化。这种一致的目标使企业不需要通过财务管理来对经营者实行监督控制和激励，财务管理可以在保证管理者目标实现的同时实现企业价值的最大化。

（二）财务管理的内容较为简单

由于中小企业的规模小，其财务管理的内容相对于大企业来看较为简单。

1．投资决策。中小企业正是由于企业规模小，使用资产有限，在日常的财务管理工作中，不需要频繁地进行投资决策。

2．资金筹集。受外部环境及自身能力的制约，中小企业的融资渠道比较单一，因条件所限其财务管理者一般不用考虑企业股票和债券的发行，更多需要考虑的是内部融资及其短期内经营资金的筹集。

3．资金的分析和控制。中小企业的经营特点，决定了其在财务管理方面较少需要同外部联系，因此财务管理也主要是为内部管理服务的。内部经营管理的需要使中小企业的财务管理要围绕着自己的业务展开，通过财务管理进行资金的分析和控制，从而保证企业的正常运作，保证股东的利益。这也是其财务管理的一项主要职能。

三、我国中小企业的财务管理现状

作为一个规范的企业，中小企业应建立既符合自身特点又符合现代企业规律的财务制度。从目前的实际情况来看，我国中小企业的财务制度还不够健全，当然原因是多方面的。首先是投资者、经营者缺乏基础的会计知识，因而也不重视财务会计制度的构建；其次是中小企业财力有限，无法在财务方面进行大额投资；最后是很多企业采取家族式管理方式，在财会人员任用方面任人唯亲，致使财会人员素质不高。另外，缺乏外在压力也是造成目前状况的原因之一，从会计师事务所也可以看出，他们承接的几乎全是外资企业的会计咨询业务，因为按规定外资企业每年都必须向有关部门提供有关财务报告。而中资的中小企业，尤其中小私营企业则无此规定，并且他们也不愿在这方面进行投资。

中小企业这种令人担忧的财务管理状况带来的危害相当严重，可能影响到中小企业的继续发展，因此在解决问题之前，我们必须找出问题的关键所在，充分分析中小企业的具体现状。

中小企业的经营特点，决定了其资金是主要用于经营性的生产，也就决定了其资金的分析和控制是围绕生产展开的。这时财务管理的一个重要职能就是要保证企业拥有充足的生产性资金，确保企业资金的使用效率，从而保证企业的正常运转和资产的增值。管理者不能很好地利用财务工具来为管理服务，如一般中小企业管理者常常认为财务报表是给税务机关看的，而自己不能很好地利用，更多的是把会计作为一种信息披露或者事后记账的手段，而没有把之视为管理工具，对资金的使用情况缺乏事后的分析，更多地关心企业的收入和利润。

第三节　中小企业财务管理体系构建

中小企业对财务管理从理论到实践上的不重视，造成财务管理上出现不规范现象。但是中小企业要在不断规范的市场环境中长期生存，要发展壮大，完善的财务管理制度是必需的。企业要能够意识到问题的存在并力求以现代企业管理的标准来规范经营，改观目前的状况。完善的财务管理制度不仅是企业正常运营的保证，也是调动企业职工积极性，提高企业经营效率的重要杠杆。作为企业的所有者和经营者，应在充分掌握现代财务理论知识的同时，搭建起企业自己财务制度的框架，规范企业的会计核算。管理者应按照规范的现代财务管理方法来加强自身的管理。

一、设立符合自身需要的财务管理目标

中小企业所有权和控制权的一致性，使财务管理不需要像大企业一样花费许多监督和激励的成本，但财务管理实现股东财富的最大化或企业价值最大化的目标并没有改变。企业所有者要充分认识到财务管理是企业管理的核心内容，是保证企业价值最大化目标的实现的保证。

二、加强自身筹集资金的能力

资金不足是制约中小企业生存和发展的关键性问题，也是国家管理层一直关注并致力于改善的问题。要解决这一问题需要政府的支持和企业自身的努力。

（一）政府支持，增强企业外部融资能力

针对我国中小企业的状况，可借鉴美国中小企业的筹资方式，美国中小企业外部融资渠道的广阔，对此中小企业的外部管理者在学习的基础上可选择适合我国国情的融资方式，如鼓励中小企业向朋友和亲戚的借款，继续加快建立以中小企业特别是科技型中小企业为主要对象的信用担保体系，鼓励国有商业银行增加对中小企业的贷款，建立政策性的金融机构，设立专门的中小企业基金，加快二板市场的建立，完善资本市场、使效益好的中小企业能够发行企业债券，为中小企业创造融资条件。与此同时，

国家应加强外部管理，增强政策扶持，促进中小企业规范发展，对中小企业实行统一领导，分级管理并进一步完善中小企业的政策法规。

（二）中小企业自身应力求克服筹资能力不强的弱点

通过提高商业信用、规范财务报表的使用等手段来提高自己的融资能力，在遇到资金困难时，还应充分发掘自身的能力，如采用的职工内部筹资的方法就是一种很好的尝试。这种类似于股份公司中的职工持股计划，一方面解决了资金困难，为资金来源提供了有力的保障；另一方面可以激励企业内部职工的工作热情，促进企业的可持续发展。

三、加强财务预算功能，规范资金的使用

充分发挥财务管理预算和控制监督的职能。财务管理人员应努力提高自身素质，可以积极参与公司战略计划的制订。当然，这需要所有者对财务的支持，采取能不断调整的滚动式预算或全面动态预算制度，为管理者提供详尽的资料，使预算能更多地服务于公司战略管理的需要，更接近连续进行的计划过程，并使企业的管理人员能通过财务信息作出相应的决策。

参考文献

［1］ 邵芳. 基于资本市场的电商企业集团财务风险的研究［J］. 商场现代化，2010（26）.

［2］ 李卉. 浅谈电商企业集团财务管理模式［J］. 天津经济，2010（06）.

［3］ 杨慧锋. 关于完善电商企业集团财务管理的探讨［J］. 企业导报，2010（05）.

［4］ 孙颖. 电商企业集团财务管理问题及对策［J］. 现代商业，2010（06）.

［5］ 王倩. 电商企业集团财务管理问题及其对策探讨［J］. 山东广播电视大学学报，2010（01）.

［6］ 戈俏梅. 我国电商企业集团财务管理问题分析和改进措施［J］. 全国商情（理论研究），2009（23）.

［7］ 付娟. 电商企业集团财务管理体制研究［J］. 经营管理者，2009（18）.

［8］ 杨长英. 电商企业集团财务管理体制的研究［J］. 商业经济，2009（15）.

［9］ 杨长英. 浅析电商企业集团财务管理的问题与对策［J］. 财经

界（学术版），2009（04）.

［10］吴小莲．论电商企业集团财务管理存在的问题及解决措施［J］．中国总会计师，2009（03）.

［11］邵传林．西方金融创新理论演变综述［J］．山东工商学院学报，2007（05）.

［12］李鹏．有关金融创新的理论述评［J］．经济师，2006（01）.

［13］阮景平．西方金融创新理论述评［J］．湖北大学学报（哲学社会科学版），2006（02）.